MedCoast AgroCities
ALBENGA GLASSCITY
From the **GlassCity** to the **GreenCity**

Giorgia Tucci

Summary

0 New Horizons — p. 4

0.1 The potential for a new geo-urban strategic development
Manuel Gausa

0.2 Rurubanism and contemporary goals
Mosè Ricci

0.3 The productive landscapes in Mediterranean coastal regions
Emanuele Sommariva

0.4 Towards new agricultural landscapes
Nicola Canessa

1 MedCoast AgroCities Introduction — p. 54

1.1 MedCoast Agrocities into the Mediterranean Landscapes

2 GlassCity Project Area — p. 68

2.1 The hundred spires in the Old Town
2.2 Tourist-bathing activity on the coast
2.3 Agriculture and floriculture: export business

3 Context Density and Surfaces — p. 98

3.1 Context: density and surfaces around the glass

4 Program Objectives of PTC — p. 106

4.1 Objectives of PTC all verified by VAS
4.2 PTC Analisis and Sectoral Targets

5 Concept. Albenga Core and Organic Park — p. 124

5.1 Concept

6 Process. Core Pak and Ecodistrics relation — p. 132

6.1 Relation between Ecodistricts and Core Park
6.2 Ecodistrics Recycle Strategy

7 Self-feeding strategy Resources and Refuse — p. 144

7.1 Self-Feeding Strategy

8 Micro-Input AgroUrban Devices — p. 162

8.1 Agro-Urban Devices in the Core Park

9 References — p. 172

Bibliography, Sitography and Projects

Picture - Aerial photo, of landscape with software of precision agriculture
Source: www.sti4farmer.eu

0.1

Agricultural landscapes photographed by the Terra satellite, via National Geographic. From left to right, top to bottom: Minnesota, Kansas, Germany, Bolivia, Thailand and Brazil.

The potential for a new geo-urban strategic development

Manuel Gausa

The evolution of the 'urban territorial city' has been produced as part of our settlements in recent decades in Europe giving rise to different research topics going beyond the traditional relationship between City-Landscape, Landscape-Nature, and Nature-City. It is a change of paradigm between the urban, physical, cultural, and social issues, with a broader environmental system-and agro landscape in particular-system, in the context of which the city redefines develops and recycle itself.

With the growth of the informal and informational city, corresponds paradoxically, the diffusion of urban sprawl and at the same time, the necessary articulation of corrective, conceler and resilient landscapes.

Between these, agriculture and forestry can be interpreted as fundamental elements and possibly the core of a new sustainable form of 'dis-dense' (discontinuously dense) urban contexts (Guallart, Gausa 2003).

In a strategical planning approach, a conspicuous part of the urban and territorial studies were dedicated to the reinterpretation of the open spaces (free spaces, semi-natural areas, in-between zones) closely related to agricultural production (active or indirect), defining generative elements for new paradigms of construction for the urban form and its constituent elements (Ricci, 2013). This change of perspective is consolidated and expressed in the growing awareness of the multifunctional character agricultural and natural landscapes should play; a structuring and articulating principle that needs to be investigated with different skills and disciplines, as well as various forms and areas of public policy. The shifting from an oppositional reading between city and countryside towards a much more integrated vision, in which the suburban areas can play a vital and active role with a diverse number of productive functions and activators of complex values, presuppose the need for a new holistic approach.

We are moving from a traditional land-use policy towards a geo-urban condition able to adequately represent the different territorial challenges and its future planning derived by an inter-urban development and 'neo-rural di-

L'evoluzione della città urbano-territoriale e dei nostri stessi ambienti insediativi ha prodotto negli ultimi decenni, in Europa e in Italia, un insieme di questioni relative alla tradizionale relazione *Città-Paesaggio, Paesaggio-Natura, Natura-Città* e un cambiamento di prospettiva fra la dimensione urbana, fisica, culturale, sociale e il più ampio sistema ambientale in generale – e agro paesaggistico in particolare – nel contesto del quale la città si ridefinisce e si sviluppa, si ricicla e si ri-naturalizza.

Alla crescita della città informale/informazionale, corrisponde, in maniera quasi paradossale, la produzione di paesa correttivi, concettuali e resilienti, in cui il ruolo degli spazi agricoli e forestali può essere interpretato come elemento fondamentale (e possibilmente fondatore) di una nuova forma sostenibile di città 'dis-densa' (discontinuamente densa, Guallart, Gausa 2003). Consistenti parti della riflessione delle discipline urbanistiche e delle scienze territoriali sono state dedicate alla reinterpretazione, nell'ambito della pianificazione e delle strategie di governo del territorio, del ruolo degli spazi aperti (spazi liberi, spazi semi-naturali, spazi in-between), vincolati di modo diretto alla produzione agricola (attiva e/o passiva), che diventano elementi generativi per la definizione di nuovi paradigmi di costruzione della forma urbana e dei suoi elementi costitutivi (Ricci, 2013). Questo cambiamento di prospettiva si consolida e manifesta nella crescente consapevolezza della necessità che i paesaggi agricoli e forestali debbano svolgere un ruolo di carattere plurale, strutturale, articolatore e polifunzionale; un ruolo rispetto al quale s'incrociano competenze e discipline diverse, così come varie forme e settori di politiche pubbliche.

Il trasferimento di una lettura oppositiva fra città e campagna a una lettura integrata e intrecciata, nella quale il territorio periurbano può assumere un ruolo vitale ed attivo, con una funzione produttiva e creatrice di valore complesso, suppone la necessità di un nuovo modello di approccio olistico alle politiche territoriali e alle sue condizioni geo-urbane, in grado di rappresentare in maniera adeguata le diverse domande – e sfide – che si solevano sul territorio, la

Greenhouse in Almeria, Spain

mension'.

Challenges that require new typologies dedicated to combining primary and tertiary activities; agricultural production and technological ones, environmental sensitivity and tourists' attraction, private and public space, etc. In this theoretical framework, the role of agriculture is thus important as one the most predominant land-use characterisations, resulting in a specific landscape aesthetic – maybe the most decisive and transcendental – and strictly related to guaranteeing the efficiency of new 'multi-matrix' urban and regional processes. In Spain, agriculture represents 25 million hectares (35% of the entire territorial surface) and occupies only 5% of the working population of the country. In the case of the metropolitan area of Barcelona, we are talking about 242.000 hectares equal to 32% of the urban area (around 40% of the open spaces of the city-region). In Italy, what is significant is that the agricultural population accounts for only 1% of the total population and operates on 55% up to 65% of the total national rural territory.

The importance of understanding the agricultural spaces not only as productive landscapes, but as multi-productive landscapes, introduce a new urban-rural vision for a much more complex contemporary city-mosaic (natural and artificial).

The multi-functional and multi-programmatic condition of the agricultural areas should no longer be conceived as primary space but as complex ones: green infrastructures, ecological corridors, natural matrix, eco-system services, and production scenarios. In a wider meaning of the concept of landscape, they become 'eco-system of systems, in plural interaction' (Buonanno 2015).

This is a condition linked to the basic components for the agro-food production, but also related to social welfare, economic development, and resilient performances for urban environments.

In this way, the peri-urban agricultural areas are enhanced with a new operational dimension to become smart or 'advanced landscapes' (Carabba et al. 2013).

Conveying the smart planning principle means recalling a set of integrated systems and sub-systems (security, resilience, water, health, infrastructure, economy, environment, food, etc.) in order to guide and manage, in a coordinated approach, the sustainable development of these new multi-and inter-urban settings. In sua pianificazione e le politiche derivate dallo sviluppo inter-urbano e neo-rurale.

Sfide e domande che richiedono un nuovo tipo di strutture chiamate necessariamente a combinare attività primaria e attività terziaria, produzione agricola e produzione tecnologica, sensibilità ambientale e attrazione turistica, spazio privato e spazio pubblico, ecc. Il ruolo dell'agricoltura in questo quadro d'interpretazione, si rivela dunque fondamentale, essendo uno degli usi del suolo – vincolati al concetto di "paesaggio"– più decisivo e trascendente, fondamentale per l'efficienza di una nuova dinamica urbano-territoriale, multi-trama e multi-matrice, integrata e intrecciata.

Nel caso della penisola spagnola, l'agricoltura rappresenta 25 milioni di ettari (35% della superficie geografica) ma occupa unicamente un 5% della popolazione attiva del paese. Nel caso dell'Area Metropolitana di Barcellona, parliamo di 242.000 ettari, un 32% della superficie geografica (e circa un 40% degli spazi aperti della città-regione). Nel caso italiano, basti pensare che la popolazione agricola rappresenta l'1% della popolazione totale e gestisce dal 55% al 65% del territorio.

L'importanza di capire gli spazi agricoli non solo come paesaggi produttivi ma come paesaggi multi-produttivi, introduce una nuova visione urbano-rurale della città-mosaico contemporanea (naturale e artificiale) e della possibile condizione multifunzionale e multi-programmatica degli spazi agricoli non più concepiti unicamente come spazi 'primari' ma come 'spazi complessi': 'infrastrutture verdi', 'corridoi ecologici', 'matrici naturali', 'ambienti attrattori', 'scenari produttivi', etc.; in un significato più ampio del concetto di paesaggio inteso come "sistema di eco-sistemi, in interazione plurale" (Buonanno, 2015).Una condizione legata alla sua componente basica, agricola-alimentare, ma connessa anche al benessere sociale, allo sviluppo economico, alla qualità ambientale e resiliente della città ed ad una (nuova) dimensione tecnologica ed operativa, cioè ad una considerazione degli spazi agricoli come possibili smart-landscapes o 'paesaggi avanzati' (Carabba et al. 2013).

La veicolazione del concetto 'Smart' allude a un insieme di sistemi e sottosistemi integrati (sicurezza, resilienza, acqua, salute, infrastrutture, economia, ambiente, alimentazione, etc.), chiamati ad orientare e gestire, in maniera coordinata, lo sviluppo e la crescita sostenibili di questi nuovi scenari multi e inter urbani. Nel quadro Smart l'agricoltura urbana, periurbana

Picture - Hydroponic vegetables growing in greenhouse at Cameron Highlands - Kenishirotie

the smart framework, the urban, peri-urban, and interurban agriculture can help to ensure not only a healthy and efficient food supply (starting from the optimisation of environmental and economic parameters) but also help to orient diverse dynamics linked to energy, waste, water, and resource recycling. Beside this, urban agriculture can contribute to enhancing a place-based approach for recreational and social interaction with local resilience: an integrated strategy for a new metropolitan multi-level governanc e able to meld the proximity of the urban condition with the recreational purposes of the agro-tourism and the safeguarding of rural patrimony (Sommariva 2014).

In this sense, some research questions can be formulated around this new vision for the agricultural space as well as its ability to adapt to its role and characteristics according to the current development trends of the 'Glocal' scenario in which rural and urban are no more separated:

1. Which are, or could be, the roles (and new identities) of the large agricultural areas according to their different characterising and structuring definitions compared to the post-metropolitan context? In which way could their significance as '(nat)urban' places or 'multi-productive' creative exchanges be strengthened?

2. How could these types of spaces better relate with other natural or metropolitan systems? Which would be the limits of their possible growth as major buffer areas between urban voids, ecological corridors, and development trajectories?

3. How could these spaces of evident aesthetic and patrimonial values decline in the diverse equations between attractive scenarios (functional, environmental, and cultural) and productive scenarios (economic, material, and industrial), which are defining recent urban dynamics?

4. How could the different flows related to major infrastructure be exploited and redirected into these areas in order to orient and to configure new strategical interventions?

5. In which way could the existing neighbouring residential, commercial, and industrial zones be rethought to promote new positive interactions between agriculture, recreation, and production as intermediate natures between culture-nature, the city and their users?

e interurbana, può contribuire a garantire non solo un'alimentazione sana ed efficiente (a partire dell'ottimizzazione di parametrici ambientali ed economici) ma anche dinamiche relazionate con i cicli dell'energia e dei rifiuti, dell'acqua e della materia, cosi come con la resilienza ambientale, l'interazione ludico-sociale e l'identità patrimoniale, intesia sia come fattori integranti di un nuovo approccio multilivello alla città, sia come parte, anche, di una strategia diversificata, orientata alla creazione di uno sviluppo non solo agricolo, ma anche ricreativo, ristorativo e agroturistico ed ad una nuova proiezione dei valori ambientali e socio-culturali preesistenti (Sommariva 2014).

In questo senso alcuni problemi di base si sollevano rispetto a questa nuova proiezione/progettazione dello spazio agricolo e della sua tradizione locale e alla capacità di sopravvivere alle attuali trasformazioni degli scenari globali sempre meno rurali e più urbani:

1. Quali sono, e quali potrebbero essere, i ruoli (e le nuove identità) delle grandi aree agricole nelle loro diverse definizioni – caratterizzanti e strutturanti rispetto alle nuove realtà post-metropolitane–, e come potrebbe essere rafforzato il loro significato come luoghi 'naturbani', di scambio multi-produttivo: 'agricolo-ricreativo', 'logistico-infrastrutturale' e/o 'turistico-patrimoniale'?

2. Come potrebbero meglio relazionarsi tali tipologie di spazi con gli altri sistemi naturali/metropolitani e quali potrebbero essere, anche, i limiti della loro eventuale definizione come grandi elementi dell'articolazione 'naturale-artificiale', grandi vuoti interurbani e corridoi di sviluppo?

3. Come potrebbero declinarsi questi spazi, di evidente valore patrimoniale/paesaggistico nelle diverse equazioni tra scenari attrattori/attrattivi (funzionali, ambientali e/o culturali) e scenari attori/produttivi (economici, materiali e industriali) che definiscono le attuali dinamiche urbane?

4. In che modo potrebbero essere sfruttati i diversi flussi legati alle grandi infrastrutture che li delimitano, attraversano o circondano, riorientando tali flussi in modo strategico e sensibile allo stesso tempo?

5. In che modo potrebbero essere ripensati, dunque, i funzionamenti degli insiemi residenziali,

6. Is it possible to recover these peri-urban fringes, incorporating them into a new context in which innovative enterprises and sustainable tourism may be formulated as viable outputs for these areas, generating new incentives and opportunities? How to study the feasibility of this programme through a strategic recovery of the existing architectural and landscape heritage?

7. How to maintain the agricultural vocation and landscape values of these spaces and, at the same time, to design them toward a new, resilient and productive condition, as catalysers of urban and peri-urban re-naturalisation processes? How to implement all these assumptions in a coherent environmentally and economically sustainable model?

8. What would be, in conclusion, the evolutionary horizon of the different agri-culture and agri-territories (semi-natural or man-made, fragmented or extensive, highly productive or socially oriented)? What could imply a potential continuum of urban and rural spaces, considering the different socio-cultural realities of a Multi-City and the territories within which they are located?

The transition from a strictly taxonomic reading between 'city' and 'countryside' to a more integrated one, in which a human-centered scenario of communities, consolidated areas, and cultivated spaces are intertwined in a new holistic dimension, represents a significant innovation step forward posed by the research into urban design and planning development policies, and derived form a 'geo-urban' and 'neo-rural' interpretation. This is a condition linked to environmental and resilient qualities of the 'Eco-Multi-City', but also to new polyvalent processes of economic and social inclusivity linked to bottom-up initiatives and creative industries, advanced technological, and operational capabilities. All of these make us reconsider the urban-rural linkages as possible *Resili(g)ent-landscapes* (resilient and intelligent landscapes).

The main case study presented here is called to recognise a contemporary theoretical framework of some new 'hyper-agricultural' experimentations in the Mediterranean continuous city, as well as their different strategic implications (urban, cultural, economic, social, landscape), both from the point of view of high ricreativi e produttivi oggi esistenti nei limiti e nei perimetri di queste zone, per favorire una nuova interazione positiva tra agricoltura, svago, industria, cultura, natura e città; tra popolazioni stabili e temporanee?

6. Come recuperare tali estensioni agricole, inserendole in una nuova realtà in cui industria innovativa e turismo attivo potrebbero essere formulati come campi economicamente sostenibili, generando nuovi stimoli economici e programmatici in queste aree? Come ottenerlo attraverso una ripresa strategica del patrimonio architettonico e paesaggistico esistente?

7. Come mantenere, dunque, la vocazione agraria e i valori paesaggistici di questi spazi e come progettarli, allo stesso tempo, verso una nuova condizione ludico-produttiva, ma anche resiliente, intendendoli come possibili agenti induttori di processi di ri-naturalizzazione centrale, peri-centrale e poli-centrale? E come integrare tutto questo coerentemente con un modello ambientalmente ed economicamente sostenibile?

8. Quali potrebbero essere, in definitiva, i diversi orizzonti di trasformazione sensibile e funzionale dello spazio agricolo (spazio semi-naturale e culturale, produttivo e patrimoniale, etc.), e quali potrebbero essere le potenzialità di evoluzione in un sistema di spazi urbano-paesaggistici, tra le diverse realtà socio-culturali di una città-territorio, che li supporta e inquadra?

Il passaggio da una lettura strettamente tassonomica tra 'città' e 'campagna' ad una comprensione più integrata e intrecciata, nella quale scenari densi e antropizzati di scambio, spazi costruiti e vuoti coltivati, acquisicono un nuova dimensione olistica, pone la necessità di interrogarsi sulla pianificazione e le politiche territoriali derivate da uno sviluppo geo, peri e inter-urbano, ma anche neo-rurale. Una condizione legata alla qualità ambientale e resiliente della nuova eco-multi-città ma anche a nuovi processi polivalenti di sviluppo economico e sociale e ad una più all'avanguardia dimensione tecnologica ed operativa emergente, cioè ad una considerazione degli spazi urbani/agricoli come possibili *Resili(g)ent-landscapes* (paesaggi resilienti ed intelligenti).

Il principale caso di studio presentato è chiamato a riconoscere l'attuale contesto di alcuni nuovi scenari iper-agricoli in questi contesti metropolitani e costieri e le loro diverse ripercus-

spatial and environmental values and from the urban-tourist-production dynamics perspective.

Albenga (Liguria), Agricultural Plain. From the GlassCity to the GreenCity

The case study of the Albenga agricultural plain as an extensive productive landscape is an opportunity to explore the geographical, architectural, and socio-economic peculiarities of this territory needed to compile a database focused not only on the agricultural production but on multi-layered knowledge. This context is strictly characterised by the enormous presence of greenhouses, but also by different urban-rural typologies mixed in a heterogeneous land-pattern: a Roman historical archeological site, the medieval historical centre, a modern agro-industrial sprawl, and an intensive housing development along the coastline for seasonal tourism. The potential role of the Centa River as a new central green corridor for the whole valley and Albenga's territories is one of the emerging structuring concepts of the study. The river conserves an extraordinary environmental heritage and qualities on which local economies can expand their influence within a strategic plan for the sustainable enhancement of agro-tourism and food industries, as well as exploring new recreational and convivial opportunities (Tucci, 2015).

sioni strategiche (urbane, culturali, economiche, sociali, paesaggistiche) dal punto di vista dell'alto valore territoriale e ambientale e delle dinamiche urbano-turistico-produttive oggi in corso.

Albenga (Liguria), Piana Agricola. From the Glass City to the Green City

L'analisi del caso della pianura agricola di Albenga come paesaggio di produzione intensiva, rappresenta un'opportunità per approfondire i dati paesaggistici, geografici ed economici necessari per ottenere un sistema territoriale focalizzato non solo sulla produzione agricola, ma su una conoscenza su più livelli.

Questo contesto caratterizzato dall'enorme presenza di serre agricole, ma anche dalle diverse tipologie di tessuto urbano-rurale inserite in un pattern di paesaggi eterogenei: un sito archeologico romano, il centro storico medievale, una moderna distesa agro-industriale ed un intensivo sviluppo edilizio lungo la costa per il turismo stagionale. Il potenziale ruolo articolatore del Fiume Centa come nuovo corridoio verde centrale per tutta la piana e i territori di Albenga è uno dei concetti alla base dello studio.

Il fiume conserva uno strordinario patrimonio di beni ambientali che favoriscono una possibile espansione economica all'interno di un piano strategico che punti a valorizzare un agro-turismo sostenibile e le industrie alimentari, esplorando nuove opportunità ludico-conviviali (Tucci, 2015).

References/Referenze
- Gausa M.: TOTAL GOA, ed- Actar, Barcelona 2014.
- Gausa M., Ricci M.: AUM 01, Atlante Urbano Mediterraneo, ed- List, Trento 2014.
- Ricci M.: Nuovi Paradigmi, Ed. List Laboratorio Editoriale Internazionale, Trento 2012.
- Gausa, M., Guallart, V., Muller W., Prat R., HiperCatalunya, Territoris de Recerca, Ed. Generalitat de
Catalunya, GENCAT, Barcellona 2003.
- Rifkin J.: The Hydrogen Economy: The Creation of the Worldwide Energy Web and the Redistribution of Power on Earth, Jeremy P. Tarcher, 2002
- Rifkin J.: The Age Of Access: The New Culture of Hypercapitalism, Where All of Life is a Paid-For Experience, Putnam Publishing Group, 2000
- Nel.Lo Oriol: Ciutat de ciutats, reflexió sobre el procés d'urbanització a Catalunya, Ed. Ampuries, Barcellona 2001.
- Gausa M.: "City Sense: Territorializing Information" in A.A.V.V.: City Sense, 4th Advanced Architecture Contest ed. Iaac, Actar, Barcellona 2012
- AA.VV., Arquitecturas siglo XXI/ 21° Century.

Architectures, ed. Fundación COAM, Madrid 2007.
- Landa M.: Real Virtuality: Meshworks and Hierarchies in the Digital Domain, 2006
- Gausa, M., Optimismo Operativo en Arquitectura, ed. Actar, Barcellona 2005. n.54, ed. Mancosu, Roma,
maggio giugno 2005 (numero monografico: 'Actar Architecture').
- Gausa, M., Guallart, V., Muller, W., HiperCatalunya, Territoris de Recerca, ed. Actar, Barcellona 2003.
- Gausa, M., Salzar, J., Housing+singular housing, Actar, Barcellona 2001.
- Gausa, M., Otras "Naturalezas Urbanas": Arquitectura es ahora Geógrafía, ed. EACC, Castellón, 2001.
- Gausa, M., Guallart, V., Muller, W., Soriano, F., Porras, F., Morales J., The Metapolis Dictionary of Advanced
Architecture. ed. Actar, Barcellona 2003
- Koolhaas R.: S,M,L,XL., ed. 010 Publishers, 1995.
- Castells M.: The informational City, ed. Basil Blackwell, Oxford 1989.

Picture - Cellular Automata inspired background
Minnesota Landsat Image

0.2

Picture - Brooklyn Grange Farm
Photo by Valery Rizzo (lettignow.org)

Interview | Rurubanism and contemporary goals

Mosè Ricci

What do we mean by the concept of ruralurbanism and what is its impact on the contemporary city?

The *rural urbanism* is a concept that somehow has always existed, it's inherent in the concept of urban planning. The first idea of system organization of an inhabited territorial space was elaborated by Johann Heinrich von Thünen, a German economist, progenitor of the theory of the localization of productive areas.

He had conceived a 'concentric circles' spatial model for the cultivation of rural territories. At the center there was the city and all around the bands of agricultural production, closer to the city the more perishable goods depending on time and means of transport.

In this way he organized the territories as a network of cities that stood between them at the distance of these hypothetical circles. Each city had its crown of agricultural production and the last circle met the gravitational ray of another city. This first idea of spatial planning based on agricultural activity, although it can not be identified as *rural urbanism*, demonstrates that if urban planning as a science was born with the industrial revolution around the mid 80's, experimentations of territorial space organization based on the methods and timing of agricultural production had already begun.

The two major crises at the beginning of the millennium, industrial and environmental, combined with the new possibilities that the digital revolution offers – from shared information to new tools and technology control devices; from the awareness of the ecological qualities of food and cultivation environments, to the new culture of food –, they focused the 'rur-ubana' issue at the center of the debate on the circular economy development of contemporary cities. All this doesn't belong to the modern idea that considered agriculture as a primary productive sector, but to the concept that integrates social sharing, environmental tension, quality of life and family income which proposes the

Che cosa si intende con il concetto di ruralurbanism e qual è il suo impatto sulla città contemporanea?

Il *rural urbanism* è un concetto che in qualche modo esiste da sempre, è insito in quello di urbanistica. La prima idea di organizzazione a sistema di uno spazio territoriale abitato era quella di Johann Heinrich von Thünen (1753-1850), un economista tedesco, capostipite della teoria della localizzazione delle aree produttive. Aveva concepito un modello spaziale 'a cerchi concentrici' per la coltivazione dei territori rurali. Al centro era la città e tutt'attorno le fasce della produzione agricola più vicine alla città quanto più la merce era deperibile in dipendenza dal tempo e dal mezzo di trasporto.

In questo modo organizzava i territori come una rete di città che si trovavano fra loro alla distanza di questi cerchi ipotetici. Ogni città aveva la sua corona di produzione agricola e giunti all'ultimo cerchio incontrava il raggio gravitazionale di un'altra città. Questa prima idea di programmazione spaziale basata sull'attività agricola, sebbene non possa essere identificata come *rural urbanism*, dimostra che se l'urbanistica come scienza nasce con la rivoluzione industriale intorno alla metà dell'80 già da prima erano cominciate sperimentazioni di organizzazione dello spazio territoriale basate sui modi e sui tempi della produzione agricola.

Le due grandi crisi di inizio millennio quella della produzione industriale-edilizia e quella ambientale-climatica, unite alle nuove possibilità che la rivoluzione digitale offre – dall'informazione condivisa ai nuovi strumenti e dispositivi tecnologici di controllo; dalla consapevolezza delle qualità ecologiche dei cibi e degli ambienti di coltivazione, alla nuova cultura del cibo –, hanno spinto la questione 'rur-ubana' al centro del dibattito sullo sviluppo a economia circolare delle città contemporanee. Tutto questo non appartiene tanto all'idea moderna che considerava l'agricoltura come settore produttivo primario, quanto a una concezione che integra la condivisione sociale, la tensione ambientale, la qualità della vita e il reddito familiare che ripropone la

cultivation of the land among the protagonists of urban and metropolitan development.

This process has been delineated through three fundamental moments:

1. In Europe between 1999 and 2012, the settlement space has expanded more than ever before due to the effects of the building expansion, invading agricultural spaces and forming an infinite city that has made the rural land an integral part of itself.

2. In the western world since the early 2000s the economic crisis and the digital technological revolution have caused a disposal and abandonment process of the built spaces and the former industrial lots, releasing a lot of productive lands inside the urban areas that have become available for new uses. The Detroit case is paradigmatic about it.

3. In the last decade, the beginning of an agricultural production within the fringe or results areas that pervade the cities – those that until the past decade were considered 'standby places' – they have become real job opportunities for many social categories: for the new generations, whom in this historical moment of work difficulty return to the farmland jobs activities; for the elderly and the unemployed who find (literally) a way to use their time; for migrants whom can find a new opportunity of integration.

This process is manifested above all in the Western Countries where *rural urbanism* is a common condition, but still to be investigated from the point of view of the disciplines of the project. In Italian cities, for example, overcomes the convention of farmland and agricultural productions outside the city and thanks to the awareness of the economic and environmental qualities of the km0, the networks and direct sales points of local productions are growing exponentially. In areas where agricultural fields meet settlement areas, small on-site sales spaces have appeared spontaneously, or door-to-door distribution cooperatives.

The principles of the *city-market* that informed about the criteria of territorial organization on the perishability and distribution of products, or about the *countryside-factory* of extensive agro-industry of the late Twentieth Century, have been permanently shelved or are going to be.

coltivazione della terra tra i protagonisti dello sviluppo urbano e metropolitano.
Questo processo si è delineato attraverso tre momenti fondamentali:

1. In Europa tra il 1999 il 2012, lo spazio insediativo si è espanso quanto mai prima per gli effetti del boom edilizio, invadendo gli spazi agricoli e formando una città infinita che ha reso il territorio rurale sua parte integrante.

2. In tutto il mondo occidentale fin dai primi anni 2000 la crisi economica e la rivoluzione tecnologica digitale hanno causato un processo di dismissione e abbandono degli spazi edificati e degli ex lotti industriali, che ha liberato parecchi terreni produttivi all'interno degli agglomerati urbani rendendoli disponibili per i nuovi usi. Il caso di Detroit è paradigmatico a riguardo.

3. Nell'ultimo decennio, l'inizio di una produzione agricola all'interno delle aree di frangia o di risulta che si insinuano nelle città – quelle che fino al decennio passato venivano considerate 'luoghi in attesa' – si sono trasformate in occasioni di lavoro concrete per diverse categorie sociali: per le nuove generazioni, che in questo momento storico di difficoltà lavorativa ritornano a svolgere i mestieri legati alla campagna; per gli anziani e per i disoccupati che trovano (letteralmente) come mettere a frutto il loro tempo; per i migranti che possono trovare un'opportunità di integrazione in più.

Questo processo si manifesta soprattutto nei Paesi occidentali dove il *rural urbanism* rappresenta una condizione diffusa, ma ancora tutta da indagare dal punto di vista delle discipline del progetto. Nelle città italiane, ad esempio, superata la convenzione di campagne e produzione agricola al di fuori della città' e con la consapevolezza delle qualità economiche e ambientali del km0, stanno crescendo in modo esponenziale le reti e i punti di vendita diretta delle produzioni locali. Nelle aree in cui i campi agricoli incontrano gli spazi insediativi sono sorti spontaneamente piccoli spazi di vendita in loco, o cooperative di distribuzione porta a porta.

I principi della *città mercato* che informavano i criteri di organizzazione territoriale sulla deperibilità e sulla distribuzione dei prodotti, o quelli sulla *campagna-fabbrica* dell'agroindustria estensiva del secondo Novecento, sono

Today it is produced where it is consumed and bought where it is produced. The new digital technologies of shared information make these processes simple and popular for urban society.

A new producer-consumer relationship is changing spaces and lifestyles. The same concept of *rural urbanism* identifies the choice to play a life in the open air, at the same time urban and rural, within the urban fabrics with different densities of the 'infinite city'. It's the dream of bringing the countryside into the cities and making the quality of metropolitan life more similar to that of rural life. An emblematic example is the agricultural production produced on the roofs of Queens and throughout the New York region, as in the case of the Brooklyn Grange1 – the largest urban garden in the world – whose production is sold in the organic stores of the metropoli.

The real urban revolution triggered by *rural urbanism* is however the innovation of the concept of public space. The places occupied by urban gardens or organic production parks have become the new social gathering spaces of the city. On the other hand, within the digital age in the contemporary city, the meeting and sharing points have changed enormously, people are less and less in need of physical space to get together. Interact in the network and on social networks thanks to the progress of technological devices. The physical 'new squares', as opposed to the many new digital squares on the web, are: the markets, the shared gardens, the food production areas and all the physical places where the social facts of the *ruruban* architecture take part.

Notes
1. Opened in Spring 2010, on a roof of a Queens building in New York, the Brooklyn Grange has become in a few years a center of attraction for all New Yorkers who are looking for organic products. Now it supplies markets and restaurants in the city and currently, with a production about 18,000 kg it's the largest urban garden in the world. <www.brooklyngrangefarm.com>

stati definitivamente accantonati o stanno per esserlo.

Oggi si produce dove si consuma e si compra dove si produce. Le nuove tecnologie digitali dell'informazione condivisa rendono questi processi semplici e popolari per la società urbana.

Un nuovo rapporto produttore-consumatore sta mutando gli spazi e gli stili di vita.

Il concetto stesso di *rural urbanism* identifica la scelta di svolgere una vita all'aria aperta, allo stesso tempo urbana e rurale, all'interno dei tessuti a diverse densità della 'città infinita'.

E' il sogno di portare la campagna all'interno delle città e di rendere la qualità della vita metropolitana più simile a quella della vita rurale.

Un esempio emblematico è la produzione agricola che si produce sui tetti del Queens e in tutta la regione di New York, come nel caso del Brooklyn Grange[1] – il più grande orto urbano del mondo – la cui produzione viene venduta nei negozi *organic* della metropoli.

La vera rivoluzione urbanistica innescata dal *rural urbanism* è però la innovazione del concetto di spazio pubblico. I luoghi occupati dagli orti urbani o da parchi di produzione organica sono diventati i nuovi spazi di aggregazione sociale della città.

D'altronde all'interno dell'era digitale nella città contemporanea, i punti di incontro e condivisione sono enormemente cambiati, le persone hanno sempre meno bisogno di uno spazio fisico per riunirsi. Interagiscono nella rete e sui social networks grazie ai progressi dei dispositivi tecnologici. Le 'nuove piazze' materiali, contrapposte alle molteplici nuove piazze digitali nel web, sono i mercati, gli orti condivisi, le aree di produzione del cibo e tutti i luoghi fisici dove si svolgono i fatti sociali legati dell'architettura *rurubana*.

Note
1. Aperto nella primavera del 2010 su un tetto di un edificio del Queens a New York, il Brooklyn Grange è diventato in pochi anni un centro di richiamo per tutti i newyorkesi che cercano prodotti biologici e rifornisce vari mercati e ristoranti della città e attualmente, con una produzione attuale di circa 18.000 Kg è il più grande orto urbano del mondo. <www.brooklyngrangefarm.com>

Picture: Rooftop Garden of Brooklyn Grange Farm
Photos by Anastasia Cole Plakias

Picture: Pavilion interior Eastern Market Detroit
Source: ‹downtowndetroit.org›

Can agricultural productive landscapes provide an efficient response to the needs both from an ecological-environmental and an economic-social point of view?

The agricultural production landscapes within the settlement fabrics are already in fact an efficient response. Not only for the agro-food contribution produced on site, but for the environmental benefits – like CO2 reduction – and for urban regeneration that derives from the recovery of brownfield sites and the consequent improvement of the life quality. Clearly it is appropriate to understand what are the ecological-environmental dynamics that affect these spaces: if they are located neighborhood of heavily trafficked areas, do they suffer only a superficial contamination of the products or is there the possibility that air pollution can penetrate the soil?

Are the lands occupied with actually high quality cultivation activities or are they contaminated? How is it possible to guarantee the life cycles of these spaces prior to the positioning of the urban urban garden?

It is necessary to increase the awareness from the logistic-environmental point of view about where, when, how and under what conditions these soils must be prepared for the new functions, but undoubtedly it is a whole of a virtuous process.

From a social point of view these resilient spaces become aggregation points for 'weak' categories, retraing otherwise unused areas, while under the economic profile, the great American examples of *ruralurbanism* are producing encouraging results, with generous profits for the families that work and collaborate in production, or for the cooperatives that manage these spaces, as it happens in the Eastern Market in Detroit or in Chicago.

Also in Italy have been developed some significant examples of sharing of collective actions for the appropriation of urban public space and of persecution of innovative environmental, economic and social practices, such as Zappata Romana, an innovative portal that promotes *ruralurban* initiatives and experiences. In this context we are comparing two types of different economies, a modernist one that demands industrialization of large productions and macro-profits and a circular economy fo-

Picture - Hortus Urbis Event by Zappata Romana
Source: festivaldelverdeedelpaesaggio.it

cused on micro-profits for families or individuals, which demonstrates that *ruralurbanism* is not only a romantic and illusory vision, but a real planning method of city spaces that uses tools and devices of shared information to optimize the economic results and the production.

These are almost always *heroic* companies that start from scratch and activate *bottom up* development processes that rapidly infect cities. Mostly of them are incentivized and managed by architects, in America as in Europe, as if the rural urbanism was developing a powerful innovation in the ways and times of the design profession. This is another important and perhaps completely unexpected effect. Rural urbanism is made by actions, it's done now and together. The temporal relations between decision, planning and implementation radically change. The value of the designed project and the concept of authorship changed. Sharing becomes the essential paradigm of the change.

famigliari o singoli individui, dimostrando che il *rural urbanism* non rappresenta solo una visione romantica ed illusoria, ma un vero e proprio metodo di programmazione degli spazi della città che si avvale degli strumenti e dei dispositivi di informazione condivisa per ottimizzare i risultati economici e la produzione.

Si tratta di imprese quasi sempre *eroiche* che partono dal nulla e attivano processi di sviluppo *bottom up* che contagiano rapidamente le città. In massima parte sono incentivate e gestite dagli architetti, in America come in Europa, come se il rural urbanism stesse sviluppando un'innovazione potente nei modi e nei tempi del mestiere della progettazione. Si tratta di un altro effetto importante e forse del tutto imprevisto. L'urbanistica rurale si fa nei fatti, si fa ora e si fa insieme. Cambiano radicalmente i rapporti temporali tra decisione, progettazione e attuazione. Vengono stravolti il valore del progetto disegnato e il concetto di autorialità. La condivisione diventa il paradigma essenziale del cambiamento.

2. "Helthier, Wealthier, Happier Detroit - Experience one of the oldest and largest year-round markets in the United States. Our goal is to build on Eastern Market's rich history to make a healthier, wealthier and happier Detroit." <www.easternmarket.com>

3. Zappata Romana is a portal that investigates orchards and shared gardens in Rome, as a collective action for the appropriation of urban public space and the development of innovative environmental, economic and social practices. Zappata Romana is a project of the group UAP. It was born in 2010 with the mapping of existing and shared gardens in Rome. The activities of Zappata Romana concern: research on current initiatives of the
shared orchards and shared gardens, the promotion and circulation of experience and expertise, like HortusUrbis project. <www.zappataromana.net>

2."Helthier, Wealthier, Happier Detroit - Conosci uno dei mercati annuali più antico e grande negli Stati Uniti. Il nostro obiettivo è ricostruirlo sulla ricca storia del Mercato Orientale per rendere Detroit più sana, più ricca e più felice." <www.easternmarket.com>

3. Zappata Romana è un portale che indaga orti e giardini condivisi a Roma, quale azione collettiva di appropriazione dello spazio pubblico urbano e lo sviluppo di pratiche ambientali, economiche e sociali innovative. Zappata Romana è un progetto di studioUAP. Zappata Romana è nata nel 2010 con la mappatura degli orti e giardini condivisi esistenti a Roma. Le attività di Zappata Romana riguardano: la ricerca sulle iniziative in atto dei giardini condivisi e degli orti condivisi, la promozione e la circolazione di esperienze e competenze, progetto Hortus Urbis <www.zappataromana.net>

How could tourism be integrated into this production system?

If I had to describe the three engines of *post-post-modernist* urban change, those that best describe the time we are living in and its changes I would say Tourism, New Agriculture and Knowledge. They are three engines of change already perfectly integrated. Just think today about the huge media campaign that has developed over the last decade regarding culinary tourism, food and wine experiences and the search of high quality products that become Slow-Food Presidia.

The modern tourist chooses to experiment a new and original experience linked to agricultural processes, such as the olive or grapes harvest, agricultural holidays, rediscover local traditions and high quality products, take part into traditional events, festivals or markets that describe the culture and identity of a place through its food. The direction in which we should look to discuss the development of contemporary and future cities is clearly evident within the design strategy of the GlassCity project, which integrates, within a global system, the historical-cultural heritage, the territorial and environmental qualities, the digital information technologies and the development of local rurality through new mixed forms of tourism.

In che modo il turismo potrebbe integrarsi in questo sistema produttivo?

Se dovessi descrivere i tre motori del cambiamento urbano *post-post-modernista*, quelli che meglio descrivono il tempo stiamo vivendo e i suoi mutamenti direi il Turismo, la Nuova Agricoltura e il Knowledge. Sono tre motori di cambiamento già perfettamente integrati. Basti pensare oggi all'enorme campagna mediatica che si è sviluppata nell'ultimo decennio attorno al turismo culinario, alle esperienze enogastronomiche e alla ricerca dei prodotti di nicchia di gran qualità diventati presidi Slow-Food.

Il turista moderno preferisce sperimentare un'esperienza nuova e originale legata ai processi agricoli, come la raccolta delle olive o la vendemmia, villeggiare negli agriturismi, riscoprire le tradizioni locali e le materie prime di qualità, partecipare a eventi, feste o mercati tradizionali che raccontano la cultura e l'identità di un luogo attraverso il cibo. La direzione in cui si dovrebbe guardare per ragionare sullo sviluppo delle città contemporanee e future si evince in modo chiaro all'interno della strategia progettuale del progetto GlassCity, che integra all'interno di un sistema globale, il patrimonio storico-culturale, le qualità territoriali e ambientali, le tecnologie dell'informazione digitale e lo sviluppo della ruralità locale attraverso nuove forme miste di turismo.

Picture - Murales Eastern Market Detroit Source <dikimo.net>

0. New Horizon

What should be the goals towards which contemporary cities should focus to promote the characters of sustainability?

Within the framework of investigation we have discussed so far, the most important goals on which a designer should focus to promote sustainability are:
1. To stop the increasing of the *urban footprint* and land consumption.
2. To value the *new heritage*, the underutilized, dismitted or abandoned heritage that the past generations gave us and which today contributes to degradation and economic costs for our cities, but which can represents a great resource for the quality and comfort of living in a new life cycle.
3. To activate *urban metabolism* with shared projects for resilient spaces.

These, I think, also represent the objectives and the scientific path of the thesis taken by Giorgia Tucci, whom faces and defines central research themes and issues for our project disciplines.

Quali dovrebbero essere gli obiettivi verso i quali le città contemporanee dovrebbero concentrarsi per promuovere i caratteri della sostenibilità?

All'interno del quadro d'indagine del quale abbiamo discusso sino ad ora, gli obiettivi più importanti su cui un progettista dovrebbe concentrarsi per promuovere i caratteri della sostenibilità dovrebbero essere:
1. Fermare l'aumento dell'*urban footprint* e del consumo di suolo.
2. Valorizzare il *nuovo heritage*, il patrimonio sottoutilizzato, dismesso o abbandonato che le generazioni passate ci hanno conferito e che oggi pesa per degrado e costi economici sulle nostre città, ma che può rappresentare una grande risorsa per la qualità e la comodità dell'abitare in un nuovo ciclo di vita.
3. Attivare il *metabolismo urbano* con progetti condivisi per spazi resilienti.

Questi, mi pare rappresentino anche gli obiettivi e il percorso scientifico della Tesi di Giorgia Tucci che affronta e definisce temi e questioni di ricerca centrali per le nostre discipline del progetto.

Picture - Wild green tea plantation in Azores Islands,using sea-breeze drying process
Source: Chris Kovacs

0.3

Picture: Corniglia (5 Terre - Liguria Riviera) panorama of the historical terraced landscape from Volastra
Source: E. Sommariva

The productive landscapes in Mediterranean coastal regions

Emanuele Sommariva

One of the most important factor, which has influenced at various scale of intensity land-cover evolution in the whole Mediterranean Basin, has been the agricultural practice. The modification of terrains in arable lands, the adaptation of slopes into terrace fields, the re-invention of costal topographies and hinterlands, the modification of water bodies and mashes reclamation, to enhance agroforestry and farming systems, is as ancient as the different urbanization patterns, which has stretched over thousands of years, and is still evolving today, in the polycentric conurbations along the coastline.

In fact, after the WWII, due to improvement in socio-spatial benefits within the urban areas, rural migrations and progressive depopulation of farming settlements – particularly evident in the Alpine-Apennine, Balkan and Pyrenees mountain regions – traditional poly-cultures and historical rural landscapes suffered a pervasive abandonment, except as some high-profit products (oil and wine above all) still present in the inner territories.

Even if the Mediterranean landscape has always been historically fragmented, in a continuous environmental restructuring dominance between human and natural systems – which is the reason why the Mediterranean basin is considered one of the 25 worldwide hotspots for high biodiversity (Myers et al. 2000) – the historical productive landscapes represent unique biotopes, built on very old biological stratifications and adjustments, that include complex food cycles, species migration patterns and symbiotic delicate balances. (Bernáldez 1991, Farina 2006). Traditional agricultural matrices encompassing farming, grazing and livestock activities, such as dehesas and montados of the Iberian Peninsula (Mediterranean semi-bocage), or the labor-intensive terrace cultivations in Greece and Italy, or small-scale mixed allotment gardening in France and Italy (Coltura promiscua - Métayage) or Chestnut grove landscapes typical of Sub-mediterranean hills and mountains, or again the enclosed fields with dry stones walls in the main islands and North Africa (especially in Algeria, Tunisia and

Uno dei fattori più importanti, che ha influenzato a varie scale d'intensità l'evoluzione degli usi e delle coperture vegetali in tutto il bacino del Mediterraneo, è stata la pratica agricola. La modifica dei suoli naturali in terreni coltivabili, l'adattamento dei pendii in terrazzamenti, la reinvenzione di topografie costiere e delle aree interne, la modifica di corsi d'acqua e la bonifica di acquitrini, in favore di un miglioramento delle rese dei sistemi agricoli e delle attività agro-forestali, è antica tanto quanto i diversi modelli insediativi e le varie trame urbane che si sono susseguite per migliaia di anni, e si evolvono ancora oggi, nelle conurbazioni policentriche lungo la costa.

Infatti, dal secondo dopoguerra, a seguito del miglioramento del benessere sociale e spaziale all'interno delle aree urbane, unitamente all'esodo rurale e allo spopolamento progressivo degli insediamenti agricoli – particolarmente evidente nelle regioni montane delle Alpi, degli Appennini, dei Balcani e dei Pirenei – le policolture tradizionali e i paesaggi rurali storici hanno subito un abbandono pervasivo, tranne che per alcune produzioni di valore (olio e vino soprattutto) ancora presenti nei territori interni.

Anche se il paesaggio mediterraneo è sempre stato storicamente frammentato, in una continua riconfigurazione ambientale dei sistemi antropici e naturali – motivo per cui il Mediterraneo è considerato una delle 25 aree geografiche a più elevata biodiversità al mondo (Myers et al. 2000) – I paesaggi produttivi storici rappresentano biotopi unici, costruiti su aggiustamenti e stratificazioni biologiche molto antichhe, che includono cicli alimentari complessi, delicati modelli di migrazione ed evoluzione delle specie e delicati equilibri simbiotici. (Bernáldez 1991, Farina 2006) Le matrici agricole tradizionali che comprendono attività agricole, di allevamento e di pascolo, come le dehesas e i montados della penisola iberica (Mediterranean semi-bocage), o le colture terrazzate ad alta intensità produttiva in Grecia e in Italia, o i sistemi ibridi ortivo-seminativi in Francia e in Italia (Coltura promiscua - Métayage) o i castagneti e i noccioleti tipici delle aree pre-collinari o montane del Mediter-

Picture - Aigues-Mortes and the saline paddy fields in Provence - Côte d'Azur
Source: Florian Villesèche

Morocco), are all testimonies of the multiple sustainable practices of the past, able to foster high productivity and minimizing environmental stress (Barbera & Cullotta 2009).

These productive landscapes were the result of «management practices optimizing the typical annual fluctuations in yields, promoting territorial conservation and environmental adaptation without causing ecological degradation» (Vogiatzakis et al.2005). A vast literature about the Mediterranean historical productive landscapes is associated to the complex stratification and overlapping of the major agro-forestry dynamics traditionally catalogued within the poly-cultural mosaic of "Mediterranean garden" (Sereni 1961). In this respect, Horden and Purcell (2000) state that the term Mediterranean garden is not to be understood as a particular crop type, but rather as «a geo-climatic location, with a cultural-environmental complex of resources, actors and local labors». Therefore, a reflection on contemporary idea of productive landscapes, with their sub-ecosystem articulation and specific agro-botanic characteristics, is useful to explore the crisis factors of traditional and mixed-use farming compared to the diffuse urbanization trends started in 1970s in the coastal regions.

Changes dynamics in agro-forestry land-cover leading to abandonment of particular territories highlight the need for a better understanding of the patterns and processes of re-colonization and alternative succession of species and uses. The policy decisions concerning the future of these areas will depend largely on site characteristics, geographical location and target groups of users (producers and consumers), but also on long-term strategical planning and the need to manage local resources holistically. (Aronson et al. 1998)

At the same time, the coastal regions are encountering a strongly redefinition of their socio-economic functions, driven by the activation of development potentials of port-cities integrated in far reaching metropolitan processes.

The traditional paradigm of "centrality" as the exclusive inspiring concept for the territorial governance, together with the scopes of "industrial development" and "infrastructural accessibility" cannot be related anymore to a unique metropolitan hub, but is extended along a dispersed inter-urban formation: continuous peripheries in a multiplication of urban phenomena, mobility flows and scale ratios.

raneo, o ancora i sistemi di muri a secco presenti nelle regioni insulari e nel Nord Africa (principalmente in Algeria, Tunisia e Marocco) sono tutte testimonianze delle molteplici pratiche di agricoltura sostenibile del passato, in grado di favorire alte rese e ridurre al contempo gli stress ambientali (Barbera & Cullotta 2009). Questi paesaggi produttivi erano il risultato di «pratiche gestionali che ottimizzavano le tipiche fluttuazioni annuali delle rese, promuovendo conservazione territoriale ed adattamento ambientale senza causare degrado ecologico» (Vogiatzakis et al. 2005). Una vasta letteratura sui paesaggi produttivi storici mediterranei è associata alla complessa stratificazione e sovrapposizione delle principali dinamiche agro-forestali tradizionalmente catalogate nel mosaico poli-culturale del "Giardino mediterraneo" (Sereni 1961). A questo proposito, Horden e Purcell (2000) affermano che il termine giardino mediterraneo non deve essere inteso come un particolare tipo di coltivazione, ma piuttosto come «un luogo geo-climatico, con un complesso culturale-ambientale di risorse, attori e saper fare locale». Pertanto, una riflessione sull'idea contemporanea dei paesaggi produttivi con la loro articolazione sub-ecosistemica unita alle specifiche caratteristiche agro-botaniche, è utile per esplorare i fattori di crisi dell'agricoltura tradizionale e quella ibrida rispetto alle tendenze diffuse dell'urbanizzazione avviate negli anni '70 nelle regioni costiere.

Le dinamiche di cambiamento nelle coperture agro-forestali che portano all'abbandono di particolari territori evidenziano la necessità di una migliore comprensione dei modelli e dei processi di ri-colonizzazione e successione alternativa delle specie e degli usi. Le decisioni politiche relative al futuro di queste aree dipenderanno in gran parte dalle caratteristiche del sito, dalla posizione geografica e dai gruppi di utenti (produttori e consumatori), ma anche dalla pianificazione strategica a lungo termine e dalla necessità di gestire in modo olistico le risorse locali (Aronson et al 1998).

Al tempo stesso, le regioni costiere incontrano una forte ridefinizione delle loro funzioni socio-economiche, spinte dall'attivazione dei potenziali di sviluppo delle città portuali integrate nei processi metropolitani di grande portata.

Il paradigma tradizionale della "centralità" quale principio ispiratore per la governance territoriale, insieme agli obiettivi di "sviluppo industriale" ed "accessibilità infrastrutturale" non possono più essere riferiti ad un unico polo

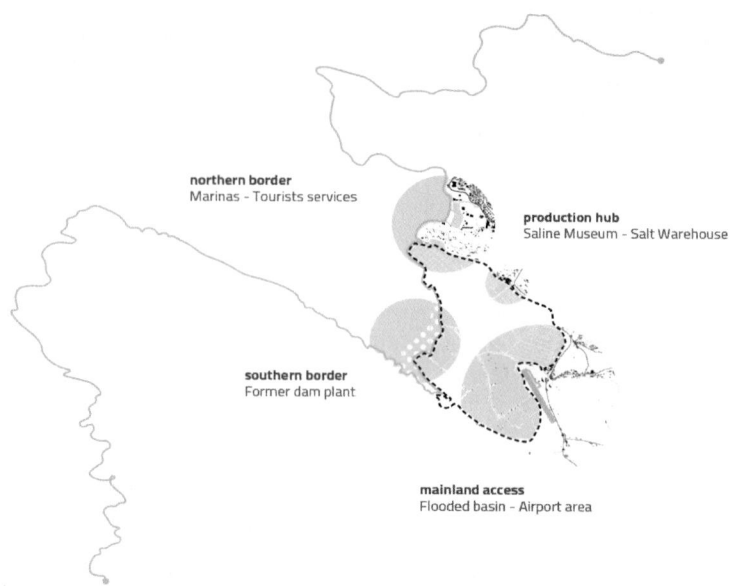

Saline in Secovlije (Croatia)
Spatial structure and territorial relationships

northern border
Marinas - Tourists services

production hub
Saline Museum - Salt Warehouse

southern border
Former dam plant

mainland access
Flooded basin - Airport area

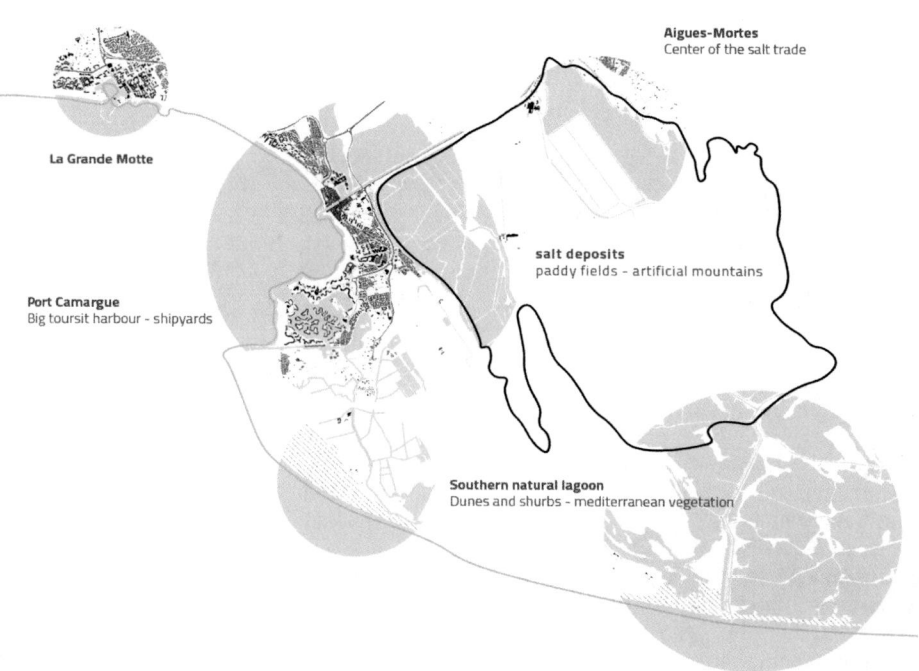

Saline in Aigues Mortes (France)
Spatial structure and territorial relationships

Aigues-Mortes
Center of the salt trade

La Grande Motte

salt deposits
paddy fields - artificial mountains

Port Camargue
Big toursit harbour - shipyards

Southern natural lagoon
Dunes and shurbs - mediterranean vegetation

Diagrams – The productive salt-flats in Mediterrean coastal regions of Istria (Croatia) and Provence (France)
Source: COAST PORTRAITS _ LUH Seminar SS 2017: P. Martin, H. Noh, F. Rutenbeck

0. New Horizon

As long as the territorial explosion of urban centers will occur, this scenario, defined by the development of a neo-liberal model of production of built space, will be characterized by the proliferation of high-density second housing and tourism related typologies, with the exacerbation of sprawl effects in the only coastal productive plains or river valleys.

It is interesting to note how the growth of contemporary metropolitan coastal development manifesting the same spatial and morphological criteria in different realities. In other words, the new peripheries of the Mediterranean city «looks much the same as the archetypical images of the American dreamscape of suburbia». (Munoz 2003)

From the point of view of the spatial planning which studies these anthropic dynamics, this is the same "sprawlscape" (Ingersoll 2012), that has been paradoxically established as the reference horizon of urban studies in the last two decades, although it has acquired a character of uniqueness in the Mediterranean coastal regions.

The presence of areas subject to an extreme land-use intensification and soil erosion came also with the introduction of modernization of irrigation techniques and growth of sub-urbanization processes; while in other cases the absence of development initiatives, ageing population and the loss of economic attractiveness of particular agro-industrial activities have determined processes of pr ogressive abandonment of productions. With the structural crisis of traditional passive protection and safeguards models, the still important presence of productive landscapes in Mediterranean coastal regions, once again become the material and cultural basis for the conception of new planning principles for open space by defining new tools, alliances and visions for the self-sustainable development of urban-rural synergies.

In the attempt to re-qualify the structural performances of the exponential growth of housing facilities, services and mobility infrastructures, the design of open spaces acquire a central role in order to re-establish resilient local food networks, new waste and energy cycles into a new rural renaissance dimension, by means of programmes inspired to agro-tourism, to high-quality productions, to landscapes heritage re-qualification and forms of active protection. These new forms of rurality are strictly related to the multi-functional character of agricultural practices as explored in different

metropolitano, ma è esteso lungo una formazione inter-urbana dispersa: periferie continue in una moltiplicazione di fenomeni urbani, flussi di mobilità e rapporti di scala. Fintanto che l'esplosione territoriale dei centri urbani continuerà a verificarsi, questo scenario, definito dallo sviluppo di un modello neo-liberista di produzione di spazio costruito, sarà caratterizzato dalla proliferazione di sistemi insediativi residenziali e turistici ad alta densità, con l'esacerbarsi degli effetti di uno sprawl incontrollato nelle sole pianure produttive costiere o nelle valli interne. È interessante notare come l'attuale crescita dello sviluppo costiero metropolitano manifesti gli stessi criteri spaziali e morfologici in diverse realtà. In altri termini, le nuove periferie della città del Mediterraneo «sembrano molto simili alle immagini archetipiche del paesaggio dei suburbs americani». (Munoz 2003)

Dal punto di vista della pianificazione territoriale che studia queste dinamiche di antropizzazione, questo è lo stesso "sprawlscape" (Ingersoll 2012) che è stato paradossalmente stabilito come orizzonte di riferimento degli studi urbanistici negli ultimi due decenni, benché abbia acquisito un carattere unico nelle regioni costiere mediterranee.

La presenza di aree soggette ad una estrema intensificazione d'uso e di erosione del suolo è avvenuta anche attraverso l'introduzione della di sistemi irrigui moderni e la crescita dei processi di suburbanizzazione; mentre in altri casi l'assenza di iniziative di sviluppo, l'invecchiamento della popolazione e la perdita di attrattività economica di particolari attività agro-industriali hanno determinato processi di progressivo abbandono della produzioni. Con la crisi strutturale dei tradizionali modelli di protezione e salvaguardia passiva, la presenza ancora importante di paesaggi produttivi nelle regioni costiere mediterranee costituisce nuovamente la base materiale e culturale per la concezione di nuovi principi di pianificazione dello spazio aperto definendo nuovi strumenti, alleanze e visioni per lo sviluppo autosufficiente delle relazioni urbano-rurali.

Nel tentativo di riqualificare i rendimenti strutturali della crescita esponenziale delle strutture residenziali, dei servizi e delle infrastrutture per la mobilità, il progetto degli spazi aperti assume un ruolo centrale al fine di ristabilire reti locali alimentari resilienti, nuovi cicli di rifiuti e di energia, all'interno di una rinascita della dimensione rurale per mezzo di program-

contexts of urban-rural interfaces, where a new generation of farmers is taking shape by means of innovative ways of production – based on alternative commercialization-distribution chains at regional scale with specific customer loyalty schemes or ethical purchasing groups – cooperative system of knowledge sharing and the creation of community allotment gardens or urban farms (Magnaghi 2012).

Many scholars and researchers, such as Undine Giseke, Marielle Dubelling, Kathrin Bohn, André Fleury, Joe Nasr, Jorge Peña Díaz or Pierre Donadieu, emphasize in their studies how urban and peri-urban farming practices (UPF) entail co-planning methods and participatory design programm   es able to produce quality for resilient cities of today and tomorrow, combining the production meaning, the self-sufficiency and site-specific tactics.

The territorial phenomenology briefly represented in this essay reaffirms that the concept of urban limit must be revised. No more as a visible and physical border, which makes distinction between what is inside and what is outside, but a transition gradient perceived with an original physiognomy capable to absorb specific uses for the realities defined by sprawl. These can be strategic functions for urban metabolism – as delocalized services, buffer zones, mitigation areas, wetlands, water basins, ecological corridors, etc. – focusing not only on soils productivity, and allowing territorial agencies to re-think urban planning policies in an holistic way: both for the management of the urban open spaces and the marginal peri-urban areas. (Sommariva, 2017).

Many examples are visible in various rur-urbanization projects promoted in coastal regions of France, Spain Italy and Greece. In this sense, the growing awareness of peri-urban landscapes' fragility, the expansion of interest on urban sprawl and environmental sensitivity, as well as the demand for healthier and fresh food, as exemplified in the work edited by Giorgia Tucci for the Plain of Albenga (Liguria), make more and more evident how the places for agricultural production coincide not exclusively with the rural realm. A condition of ephemeral landscapes to be tackled in the face of recursive crisis and development, in which the design and planning dimension become crucial; an architecture of temporary uses in a weak urbanization model, but with strong relations between users and communities, able to rethink the open spaces. As in other times of

mi ispirati all'agri-turismo, alle produzioni di alta qualità, alla riqualificazione del patrimonio paesaggistico e a forme di protezione attiva. Queste nuove forme di ruralità sono strettamente legate al carattere multifunzionale delle pratiche agricole esplorate nei diversi contesti di frangia urbano-rurali, dove una nuova generazione di agricoltori si sta formando attraverso metodi innovativi di produzione – basati su filiere di commercializzazione e distribuzione su scala regionale con programmi specifici di fidelizzazione dei clienti o gruppi di acquisto solidale – sistemi cooperativi di scambio della conoscenza e la creazione di orti di comunità o fattorie urbane (Magnaghi 2012).

Molti studiosi e ricercatori, come Undine Giseke, Marielle Dubelling, Kathrin Bohn, André Fleury, Joe Nasr, Jorge Peña Díaz o Pierre Donadieu sottolineano nei loro studi come le pratiche agricole urbane e periurbane (UPF) implicano metodi di co-pianificazione e programmi di progettazione partecipata in grado di produrre qualità per le città resilienti di oggi e di domani, combinando il senso produttivo, l'autosufficienza e le tattiche sito-specifiche.

La fenomenologia territoriale brevemente rappresentata in questo saggio ribadisce che il concetto di limite urbano deve essere rivisto. Non più come confine visibile e fisico, che faccia distinzione tra ciò che è all'interno e ciò che è all'esterno, ma un gradiente di transizione percepito con una fisionomia originale capace di assorbire usi specifici per le realtà definite dalla diffusione insediativa.

Queste possono essere funzioni strategiche per il metabolismo urbano – come servizi delocalizzati, zone buffer, aree di mitigazione, zone umide, bacini idrici, corridoi ecologici, etc. – che si concentrano non solo sulla produttività dei suoli e consentono alle agenzie territoriali di riconsiderare le politiche urbanistiche secondo un approccio olistico: sia per la gestione degli spazi aperti urbani che per le aree marginali periurbane. (Sommariva, 2017).

Molti esempi sono visibili in vari progetti di rur-urbanizzazione promossi nelle regioni costiere della Francia, Spagna, Italia e Grecia. In questo senso, la crescente consapevolezza della fragilità del paesaggio periurbano, l'espansione d'interesse riguardo lo sprawl e la sensibilità ambientale, nonché la domanda di alimenti più sani e freschi, come esemplificato nel lavoro di Giorgia Tucci per la Piana di Albenga (Liguria), rendono sempre più evidente come i luoghi della produzione agricola non coinci-

urban development, the possibility today offered by the many forms of reuse, is that spaces and landscapes can be generated, capable of counteracting, at least in part, the wear and tear that affects the territories we inhabit. (Viljoen et al. 2005)

In a semi-detached homologation of urban environments growing in most of the Mediterranean cities, these kind of experiences can re-inform the debate of sustainable development and the ecology of open spaces. Spaces in which social structures, functions or forms are not anymore the only structural invariants, but the performances, the responsive capacities and multiplicity of narratives and lifestyles, that productive urban landscapes can express, become likewise significant.

dano esclusivamente con l'ambito rurale. Una condizione di paesaggi effimeri da affrontare di fronte a fasi ricorsive di crisi e sviluppo, in cui la dimensione pianificatoria e progettuale diventa cruciale; un'architettura d'usi temporanei costruita su un modello di urbanizzazione debole, ma con forti relazioni tra utenti e comunità, in grado di ripensare gli spazi aperti. Come in altre stagioni dello sviluppo urbano, la possibilità offerta oggi dalle molteplici forme di riciclo è che si possono generare spazi e paesaggi, in grado di contrastare, almeno in parte, l'usura che colpisce i territori in cui abitiamo. (Viljoen et al., 2005)

In un'omologazione semi-indipendente degli ambienti urbani che crescono nella maggior parte delle città del Mediterraneo, queste esperienze possono riesaminare il dibattito sullo sviluppo sostenibile e sull'ecologia degli spazi aperti.

Spazi in cui le strutture sociali, le funzioni o le forme non sono più le uniche invarianti strutturali, ma anche le prestazioni, le capacità reattive e la molteplicità di narrazioni e stili di vita, che i paesaggi urbani produttivi possono esprimere, diventano altrettanto significativi.

References/Referenze

- Aronson J., Le Floc'h E., David F., Guillerm L., Grossmann A. (1998) 'Restoration ecology studies in southern France: Biodiversity and ecosystem trajectories in a Mediterranean landscape', Landscape and Urban Planning, vol. 41, pp. 273-283.
- Barbera G., Cullotta S. (2009) 'Classificare i paesaggi culturali tradizionali: criteri metodologici e applicazione / Inventoring traditional cultural landscapes: methodology and application', in AISF Congresso Nazionale Selvicoltura, vols II–III, Firenze, pp. 960-967
- Bernáldez F. (1991) 'Ecological consequences of the abandonment of traditional land use systems in central Spain', Options Méditerranéennes, vol.15, pp. 23-29.
- Farina A. (2006) Principles and methods in landscape ecology: towards a science of the landscape, Springer: London
- Horden P., Purcell N. (2000) The corrupting sea. A study of the Mediterranean history, Blackwell Publishing: Singapore
- Ingersoll R. (2012) Sprawltown: Looking for the City on Its Edges, Princeton Architectural Press: New York
- Magnaghi A. (2012) 'The role of historical rural landscapes in territorial planning', in Agnoletti M. (ed) Italian Historical Rural Landscapes, Springer: London, pp. 131-139
- Munoz F. (2003) 'Lock living: Urban sprawl in Mediterranean cities', Elsevier n.6, vol. 20, p. 381–385
- Myers N., Mittermeier A., Da Fonseca G., Kent J. (2000) 'Biodiversity hotspots for conservation priorities', Nature. 2000, vol. 403, pp. 853-858.
- Sereni E. (1961) Storia del paesaggio agrario italiano, Laterza: Bari
- Viljoen A., Bohn K., Howe J. (2005) Continuous Productive Urban Landscapes: designing Urban Agriculture for sustainable cities, Architectural Press: Oxford
- Vogiatzakis I., Griffiths H., Cassar F., Morse S. (2005) Mediterranean coastal landscapes: Management practices, typology and sustainability, Unversity of Reading Press: Reading
- Sommariva (2017) 'Urban Productive Landscapes: Designing nature for re-acting Neoliberal City' in Sadri H. (ed.) Neo-Liberalism and the End of the Profession of Architecture, Springer: London, pp. 270-293

Diagrams – The distribution of wild and new olive groves in Mediterranean basin
Source: E. Sommariva – photo, olive groves in Arroyo de la Luz (Spain)

········ Distribution of wild olive, c. 4.000 yrs B.C.
—— Cultivated olive, present days

Towards new agricultural landscapes

Nicola Canessa

In times of post-globalization crisis, the relationship between the concepts of space, culture and movement is increasingly changing, the same ideas of size and time require new cities able to absorb and be absorbed by the people who live and travel through them. Talking about cities today means talking about an organism able to relate both locally and globally with people and/or users, increasingly differentiated and specialized, who seek new references, seductions and experiences in the territory. A new city is probably the one that, after having elaborated its own history, is able to reconvert it into a new reading of its own spaces, in new ways, in which today's users know how to reconfigure and see the territory not only as a chain of events but as a set of clusters or specialized levels that overlap making the urban and fluid plot rich moving within it.

In this the reconfiguration of what were the urban equipment of the last century became a source of development of cities. Just as the reconversion of disused industrial areas has often been reconquering spaces for civil society, the transformation of private mobility networks in favour of public spaces and sustainable mobility can also become a new urban proposition.

Likewise, the reconfiguration of the relationship not only between city and nature but more strongly between city and agricultural production, today becomes a fundamental element of new reading and writing of the landscape. There is a profound relationship between rural urbanism and its landscape. Ensuring the identity of rural scenarios in the speed of change is one of the questions raised by the European Landscape Convention. Existing landscape and rural architecture are important deposits of material culture and indispensable iconic systems of identity representation. Many distinctive elements in the treatment of soil, plots, crops, and peasant architecture have their origins in distant traditions. Some of these elements accumulate ancient knowledge that should not be lost and have much to teach in their relations with the territories and landscapes of which they are part; but at the same time they require, in order to survive, to participate in the possibilities and problems of our time.

Today, however, it is rural landscapes in many

Nei tempi della crisi post-globalizzazione il rapporto tra i concetti di spazio, cultura e movimento è sempre più mutevole, le stesse idee di dimensione e di tempo richiedono città nuove in grado di assorbire e farsi assorbire dalle persone che le vivono e le percorrono.

Parlare di città oggi vuol dire parlare di un organismo in grado di sapersi rapportare sia a scala locale che globale con persone e/o utenti, sempre più differenziati e specializzati, che cercano nel territorio nuovi riferimenti, seduzioni ed esperienze. Una città nuova è probabilmente quella che dopo aver elaborato la propria storia è in grado di riconvertirla in una nuova lettura dei propri spazi, in modi inediti, in cui gli utenti di oggi sappiano riconfigurarsi e vedere il territorio non solo come una catena di eventi ma come un insieme di cluster o livelli specializzati che si vanno a sovrapporre rendendo ricca la trama urbana e fluido il muoversi al suo interno. In questo la riconfigurazione di quelle che sono state le attrezzature urbane dello scorso secolo diventa fonte di sviluppo delle città. Così come la riconversione delle aree industriali dismesse è stato molte volte riconquista di spazi per la società civile, anche la trasformazione delle reti della mobilità privata a favore degli spazi pubblici e della mobilità sostenibile, può diventare una nuova proposizione urbana.

Nello stesso modo la riconfigurazione del rapporto non solo tra città e natura ma in maniera più forte tra città e produzione agricola, diventa oggi un elemento fondamentale di nuova lettura e scrittura del paesaggio. Esiste una relazione profonda tra l'urbanistica rurale e il suo paesaggio. Garantire l'identità degli scenari rurali nella velocità delle trasformazioni in atto è una delle domande aperte dalla Convenzione europea del Paesaggio. Il paesaggio e l'architettura rurale esistenti sono importanti giacimenti di cultura materiale e indispensabili sistemi iconici di rappresentazione identitaria. Molti elementi distintivi nel trattamento del suolo, degli appezzamenti, delle colture, delle architetture contadine hanno origini da lontane tradizioni. Alcuni di tali elementi accumulano saperi antichi che non vanno perduti e hanno molto da insegnare proprio nei loro rapporti coerenti con i territori ed i paesaggi di cui fanno parte; ma nel contempo richiedono, per sopravvivere, di partecipare a

rural areas and villages, particularly in the Mediterranean basin, that point out production and settlement practices that sometimes seem inconsistent with the territories and seem to be struggling to build new balances. The history of urban planning in rural areas has been marked over time by alternating vicissitudes; with a balance between town and countryside guaranteed by the principle of exchange, which has lasted for centuries. The city was the place of inhabitation, craftsmanship and trade through which the products of the land were traded; the countryside was the place of agricultural and livestock production, in support of city life.

Two distinct and complementary urban planning structures: concentrated and functionally complex, the first, diffuse and monofunctional, the second; two typological worlds, from an architectural point of view, different but unified by the material and cognitive limits of construction techniques.

The need to regulate the relationship between urban and rural areas through planning emerged in Europe about two centuries ago. The first spatial planning schemes, influenced by theoretical models, faced the urban/rural relationship in existing cities, where the priority was to contain urban growth. In the variety of responses offered, in relation to the diversity of environmental conditions, economic and social structures and political-administrative systems, some relational models have been affirmed which can be substantially traced back to three different "categories": the "green belt", which aims to contain urban expansion inside, the "green wedge" that from outside penetrates into the urbanized fabric, the "green heart", which instead preserves the agricultural spaces inside the urbanized areas.

The relationship between the city and the countryside, after the progressive freeing (both food and energy) of the city from the countryside, thanks to the development of food conservation techniques and the spread of fast means of transport, loses its "functional" connotation and agriculture and agricultural spaces are part of the planning schemes, in relation to the development strategies of cities and their evolution.

Over the years, expectations have increased for agricultural areas and systems of relationships in which they are integrated and involved. This is also reflected in the planning schemes, which evolve into more complex "categories" with the main objective of networking and preserving the functionality of spaces (agricultural,

possibilità e problemi del nostro tempo.

Ma oggi sono proprio i paesaggi rurali, in molte campagne e borghi, particolarmente nel bacino del Mediterraneo, a segnalare pratiche produttive e insediative che ci appaiono talvolta incoerenti con i territori e che sembrano faticare a costruire nuovi equilibri. La storia urbanistica dei territori rurali ha fatto registrare nel corso del tempo alterne vicende; con un equilibrio tra città e campagna garantito dal principio dello scambio, protrattosi per secoli. La città era il luogo dell'abitare, del lavoro artigianale e dei traffici commerciali attraverso i quali barattava i prodotti della terra; la campagna era il luogo della produzione agricola e zootecnica, a sostegno della vita cittadina.

Due assetti urbanistici distinti e complementari: concentrato e funzionalmente complesso il primo, diffuso e monofunzionale il secondo; due mondi tipologici, dal punto di vista architettonico, differenti ma unificati dai limiti materiali e cognitivi delle tecniche costruttive. La necessità di regolare i rapporti tra spazi urbani e rurali attraverso la pianificazione è emersa in Europa circa due secoli fa.

I primi schemi di pianificazione territoriale, influenzati dai modelli teorici, si trovarono ad affrontare il rapporto urbano/rurale in città esistenti, dove la priorità era il contenimento della crescita urbana. Nella varietà delle risposte offerte, in relazione alle diversità delle condizioni ambientali, delle strutture economico-sociali e degli ordinamenti politico-amministrativi, si sono affermati alcuni modelli relazionali sostanzialmente riconducibili a tre "categorie" differenti: la "cintura verde", che si propone di contenere l'espansione urbana all'interno, il "cuneo verde" che dall'esterno penetra dentro il tessuto urbanizzato, il "cuore verde", che invece preserva gli spazi agricoli all'interno delle aree urbanizzate.

Il rapporto tra città e campagna, dopo il progressivo affrancamento (sia di tipo alimentare che energetico) della città dalla campagna, grazie allo sviluppo di tecniche di conservazione degli alimenti e alla diffusione di mezzi di trasporto veloce, perde la sua connotazione "funzionale" e l'agricoltura e gli spazi agricoli rientrano negli schemi di pianificazione, in relazione alle strategie di sviluppo delle città e alle loro evoluzioni.

Nel corso degli anni sono aumentate le attese nei confronti degli spazi agricoli e dei sistemi di relazione in cui sono integrati e implicati. Questo si riflette anche negli schemi pianificatori, che si evolvono in "categorie" più complesse

natural), where the agricultural function connects and integrates into the environmental, ecological and landscape through the construction of "networks","plots" and "systems". At the same time, specific projects are created that seek a new balance between the city and the countryside, between land government and agriculture; forms that find and base their specific characteristics in ad hoc models that seek to make the best use of resources, where the recognition of the multifunctionality of agriculture plays a fundamental role for its protection.

Thus the first "agricultural projects" were born, which have the merit of having reversed their gaze, starting from the countryside to the city and which differ from previous ones, in that they place productive and multifunctional agriculture at the centre of the project. The main objective is to protect agricultural areas from the expansion of the city and the "rurbanisation" of the countryside and the enhancement of agricultural activity, in response to the crisis of the agricultural model linked to intensive production alone. These experiences, which are often applied on an intermunicipal scale, are characterized by the desire to protect agricultural areas from urban sprawl through the exercise of productive activity, connected in a more or less relevant way depending on the cases, with recreational functions, environmental protection and landscape. Reference experiences include those of the "Agricultural Park" (Italy, Spain), the "Agri-urban Project" (France) and the "Integrated territorial design" (Italy).

Today, the multifunctional articulation of agriculture and the strategic components that are emerging in spatial planning could, more than yesterday, allow to pursue broader and organic objectives of territorial protection and local development, as well as in urban-rural relations and development. Urban planners are the first to believe that there is not yet a consolidated approach to dealing with agricultural multifunctionality in land use planning, but only a series of experiences from which to draw inspiration. Environmental economics scholars, for their part, are trying to construct solid tools to evaluate the environmental and social services produced by agricultural activity and the maintenance of rural areas, which are considered essential in order to fully include these values in the guiding criteria of public choices regarding land governance.

What is the challenge of agricultural territories today? Probably to become something new and to be perceived as a resource for the future,

con il principale obbiettivo di mettere in rete e preservare la funzionalità degli spazi (agricoli, naturali), dove la funzione agricola si connette e si integra in quella ambientale, ecologica e paesaggistica attraverso la costruzione di "reti", "trame" e "sistemi". Allo stesso tempo nascono progetti specifici che cercano un nuovo equilibrio tra città e campagna, tra governo del territorio e agricoltura; forme che trovano e fondano le loro specificità in modelli ad hoc, che cercano di valorizzare al meglio le risorse, dove il riconoscimento della multifunzionalità dell'agricoltura gioca un ruolo fondamentale per la sua tutela.

Nascono così i primi "progetti agricoli" che hanno il merito di aver invertito lo sguardo, partendo dalla campagna fino ad arrivare alla città e che si differenziano dai precedenti, in quanto pongono al centro del progetto l'agricoltura produttiva e multifunzionale. Obiettivo principale è la tutela degli spazi agricoli dall'espansione della città e dalla "rurbanizzazione" della campagna e la valorizzazione dell'attività agricola, in risposta alla crisi del modello agricolo legato alla sola produzione intensiva.

Queste esperienze, che spesso trovano applicazione su una scala intercomunale, si caratterizzano per la volontà di proteggere le aree agricole dall'espansione urbana attraverso l'esercizio dell'attività produttiva, connessa in modo più o meno rilevante a seconda dei casi, con funzioni ricreative, di tutela ambientale e del paesaggio. Si ricordano, come esperienze di riferimento, quelle del "Parco agricolo" (Italia, Spagna), del "Progetto agriurbano" (Francia) e della "Progettazione integrata territoriale" (Italia).

In particolare i progetti agriurbani sono stati definiti come un projet de territoire (generalmente periurbano), in cui le necessità della città in termini di spazio o di infrastrutture e di qualità della vita, sono prese in considerazione al pari delle necessità di un'attività agricola funzionale. Oggi l'articolazione multifunzionale dell'agricoltura e le componenti strategiche che si vanno affermando nella pianificazione territoriale potrebbero consentire, più di ieri, di perseguire più ampi e organici obiettivi di tutela del territorio e di sviluppo locale nonché nel rapporto e nello sviluppo urbano-rurale. Gli urbanisti sono i primi a ritenere che non esista ancora un approccio consolidato per la trattazione della multifunzionalità agricola nella pianificazione territoriale ma solo una serie di esperienze da cui prendere spunto. Gli studiosi di economia ambientale, da canto loro, stanno cercando di costruire solidi strumenti di valutazione dei servizi ambienta-

Picture - Parco Sud Milano
Source: cittametropolitana.mi.it

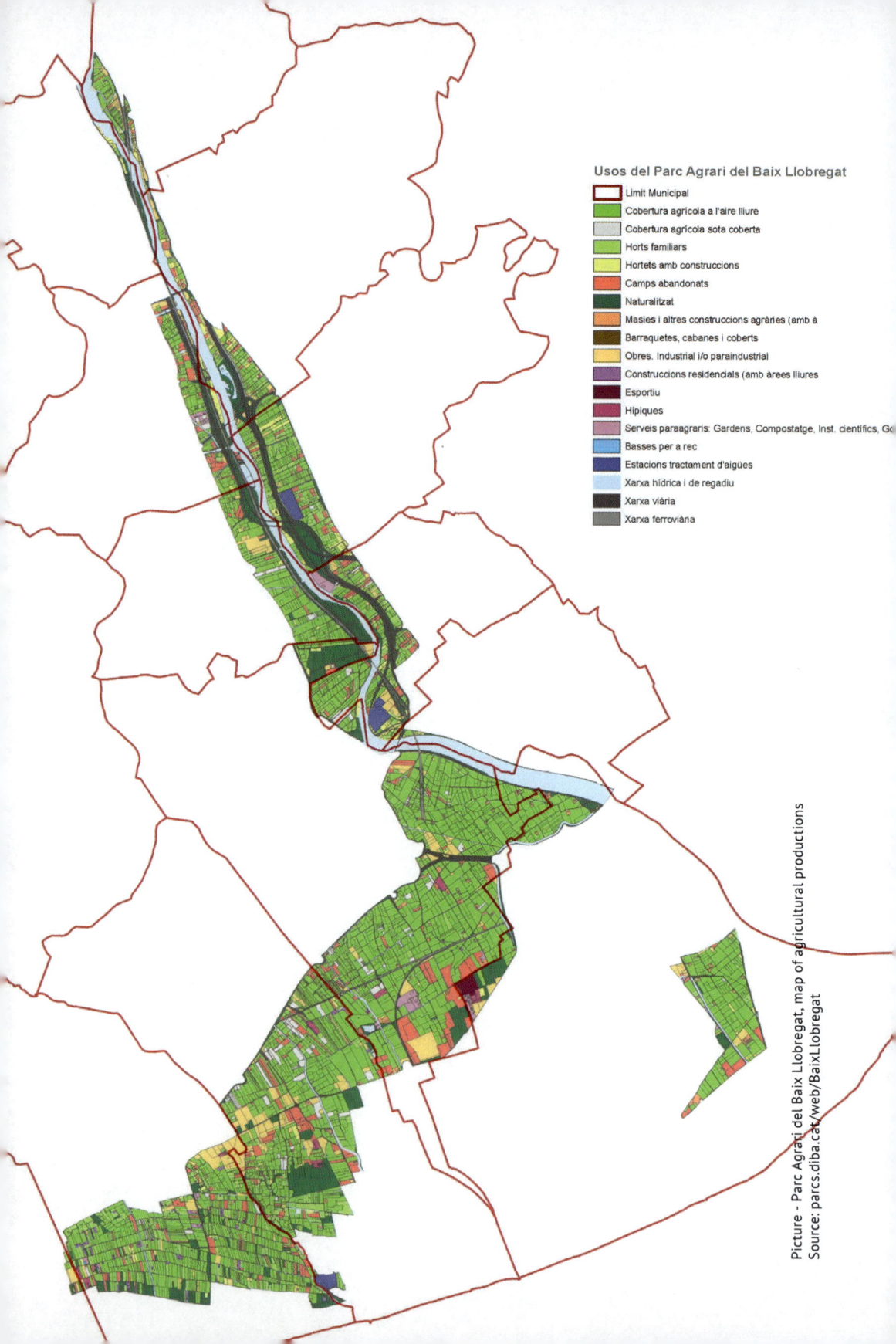

Picture - Parc Agrari del Baix Llobregat, map of agricultural productions
Source: parcs.diba.cat/web/BaixLlobregat

just as the former industrial zones that can be reborn or transformed into a new capital for the city are now recognized. The agricultural space is like this, it is not a natural space (because in reality it is closer to an industrial space), it is not a solid and built space (because it is perceived as natural).

The agricultural space today has the possibility of not only being explored, but also transformed, adapted and planned to be a new place linked to the life of all the inhabitants of a territory, a living space, an explored space, a tourist space.

The agricultural landscape today can become, as we are beginning to see in some large international projects, a condenser of systems linked to environmental and urban resilience, new energy efficiency systems, new models connected to new technologies. This makes it possible to transform the agricultural landscape, from a productive landscape, regardless of whether it can also be a tourist landscape (linked to a famous production), into an experienced landscape and a landscape of security (food, energy, territorial).

li e sociali prodotti dall'attività agricola e dal mantenimento dello spazio rurale, ritenuti indispensabili per giungere a includere pienamente tali valori nei criteri guida delle scelte pubbliche in materia di governo del territorio. Qual'è oggi la sfida dei territori agricoli? Probabilmente di diventare qualcosa di nuovo e di essere percepiti come risorsa per il futuro, così come ormai vengono riconosciute le ex zone industriali che possono rinascere o trasformarsi in nuovo capitale per la città. Lo spazio agricolo è così, non è uno spazio naturale (perché in realtà è più vicino ad uno spazio industriale), non è uno spazio solido e costruito (perché è percepito come naturale). Lo spazio agricolo oggi ha la possibilità di essere non solo esplorato, ma anche trasformato, adattato, pianificato per essere un nuovo luogo legato alla vita di tutti gli abitanti di un territorio, un spazio vissuto, uno spazio esplorato, uno spazio turistico.

Il paesaggio agricolo oggi può diventare, come si comincia a vedere in alcuni progetti internazionali di ampio respiro, un condensatore di sistemi legati alla resilienza ambientale e urbana, a nuovi sistemi di efficienza energetica, a nuovi modelli connessi alle nuove tecnologie. Questo permette di trasformare il paesaggio agricolo, da un paesaggio produttivo, indifferentemente dal fatto di poter essere anche un paesaggio turistico (legato ad una produzione famosa), in un paesaggio vissuto e un paesaggio di sicurezza (alimentare, energetica, territoriale).

References/Referenze
- Arrow K., Bolin B., Costanza R. (1995), Economic Growth, Carrying Capacity, and the Environment, Science, n. 268
- Ferraresi G. (2009), Produrre e scambiare valore territoriale. Dalla città diffusa allo scenario di forma urbis et agri, Alinea Ed., Firenze
- Joint Research Centre (2017), ANCs biophysical delimitations: procedures & good practises, Rural Development Committee 14th June 2017, Brussels
- Rovai M., Di Iacovo F., Orsini S. (2010), Il ruolo degli Ecosystem Services nella pianificazione territoriale. In: Perrone C., Zetti I. (eds.), Il Valore della Terra. Franco Angeli, Milano
- Rovai M, Fastelli L., Pucci F. (2013), Verso una pianificazione efficace delle aree agricole periurbane: un nuovo approccio metodologico per la Piana di Lucca. XXXIV Conferenza Aisre 2013, Palermo
- Savelli A. (2004), Gli spazi del turismo nella società globale. In: Savelli A., a cura di, Turismo, territorio, identità. Ricerche ed esperienze nell'area mediterranea. Milano: FrancoAngeli
- Sotte F. (2009), La politica di sviluppo rurale 2007-2013. Un primo bilancio per l'Italia. Quaderni Gruppo 2013, Adizioni Tellus, Roma. Continuous
- Storti D. (2013), Le zone agricole svantaggiate: ieri, oggi, domani, Agriregionieuropa, Anno 9, Numero 34, Settembre 2013
- Storti D., Marandola D., (2017), La politica comunitaria: il secondo pilastro, in Annuario dell'Agricoltura Italiana 2015, Volume LXIX, pp. 205-228, Crea, Roma
- Zumpano C., La Rete nazionale per lo sviluppo rurale: opportunità e sfide in QA n. 4/2009, Franco Angeli

Picture - La Rocalla greenhouses, Roquets de Mar, Almeria, Spain, 2011. Source: ph. Luispihormiguero (CC0)

1.1

Picture - Aerial photo of greenhouses, Adra, Spain
Source: tripinview

MedCoast AgroCities into the Mediterranean Landscapes

Over the last decad e the interest in the identification of development scenarios for the local contexts, has renewed into the model of macro-regions, which encompass areas related conceptually to each other beyond the geographical localization.

One of these is the Mediterranean area, intended as a theoretical concept that interprets the idea of "mediterranean character".

The mediterranean multi-city is the place of relationships and exchanges among different landscapes and cultures, "contaminated" by the wide networks of relationships that touch the shores of this sea, with ideas, styles, techniques and knowledge, which spread its effects along the whole costal areas. Thanks to this cultural diversity, along the Mediterranean shores, overlooking very heterogeneous urban centres and in a constant transformation process began after World War II with a continuous territorial consumption, which today has led to outline «the overall shape the Mediterranean city» as defined by Cardarelli (Cardarelli U., 1987).

Today, therefore, we are faced with a situation in which the cities of the coast for some aspects have been consolidated thanks to decades of urban sprawl, for others, however, especially where the urban contexts has occupied spontaneously peripheral areas. The so-called sprawl towns, superimposing over the surrounding rural territory has given way to formless and chaotic expansion of the urban core over the years.

Several national and international conferences (plan urban and rural development 2014-2020, agricultural production and new landscapes, 2007, European Environment, 2010), scientific societies (CRA, EEA, ENEA), university research, local authorities, but also the citizen awareness have focused on the importance of agriculture and rural areas - commonly conceived as a waiting space to be occupied – that would be transformed by large infrastructures aggregating urban centres in a sort of metropolitan constellation.

The irrational consumption of soil delete the identity value of a place creating hybrid and undefined spaces of town and country, full of unexpressed potentialities, but empty of content that need to be reinvented and reorganized to become

Nell'ultimo decennio si è rinnovato l'interesse verso la comprensione e l'identificazione degli scenari di sviluppo dei contesti territoriali, intesi come macro-regioni, che inglobano ambiti legati concettualmente fra loro al di là della vera e propria collocazione geografica. Uno fra questi è il territorio del Mediterraneo, inteso come concetto teorico che interpreta "l'idea di mediterraneità".

La multi-città mediterranea è il luogo di relazione e di scambi fra diversi paesaggi e culture, "contaminati" dalle vaste reti di relazione che toccano le sponde di questo mare, con idee, stili, tecniche e conoscenze, che si concretizzano via via all'interno delle realtà urbane costiere. Grazie a questa biodiversità culturale, lungo le sponde del Mediterraneo, si affacciano nuclei urbani molto eterogenei fra loro e in un costante processo di mutamento cominciato a partire dal secondo dopoguerra con lo sfruttamento indeterminato del territorio, che oggi ha portato a delineare «la forma globale della città mediterranea» come la definisce Cardarelli (Cardarelli U., 1987).

Oggi, pertanto, ci troviamo di fronte ad una situazione in cui le città di costa per alcuni aspetti risultano consolidate grazie a decenni di urbanizzazione selvaggia, per altri, invece, in completo mutamento, soprattutto dove la città ha occupato in modo spontaneo le aree periferiche. Si sono delineate perciò delle vere e proprie città diffuse, in cui il territorio rurale, che le circondava, con il passare degli anni ha lasciato spazio ad un'espansione informe e caotica del nucleo urbano.

Diversi convegni nazionali (Piano di sviluppo urbano e rurale 2014-2020, Produzione agricola e nuovi paesaggi, 2007) e internazionali (European Enviroment, 2010), società scientifiche (CRA, EEA, ENEA), ricerche universitarie, enti territoriali, ma anche la presa di coscienza del cittadino hanno posto l'attenzione sull'importanza del territorio agricolo e rurale – comunemente considerato come uno spazio libero in attesa di essere colmato – destinato ad accogliere le grandi infrastrutture che aggregano i nuclei urbani in una sorta di costellazione metropolitana.

Il consumo irrazionale del suolo cancella il valore identitario di uno luogo e da vita a spazi ibridi e indefiniti di città e campagna, pieni di

one of our land resource and not a problem.

Future goals must identify clearly the importance of the existing relation between mediterranean territories, focusing on the future development dynamics and the creation of new relationships between the coast and city, town and country, countryside and city.

Agricultural and rural dimension of the Mediterranean has been - and still continues to be - an essential determinant for the economies and societies of this landscape.

In 2005, a third of the mediterranean population resided in rural areas and even today, despite (although) a tangible decline, agriculture is a strong and current component. In order to realize the dimension of this sector, it's important to quote that agriculture in the world occupies about 35% of the earth's surface and a further 35% is occupied by forest area. In the European union, rural areas account for over 90% of the territory, but actually about 75% of the soil is occupied in agriculture and forestry activities (De Castro P., 2010). More specifically, the protected agriculture, for example, holds about one million hectares worldwide, of which nearly half (400,000 ha) are concentrated in the mediterranean area (Campiotti C.A., 2009) (including greenhouses and plastic tunnels), mainly in: Netherlands (70%), Spain (60%), Italy (50%), France (46%) and Great Britain (15%) (Hubner S., 2014).

Today this sector, compared today within an international framework that can compete strongly both in energy-environmental field

potenzialità inespresse, ma vuoti di contenuti materiali che necessitano di essere reinventati e riorganizzati per divenire una risorsa del nostro territorio e non un problema. Gli obiettivi futuri devono individuare chiaramente l'importanza del rapporto esistente fra gli attuali territori mediterranei, focalizzando l'attenzione sulle dinamiche di sviluppo futuro e sulla creazione di nuovi rapporti fra costa e città, città e campagna, campagna e cittadino.

La dimensione agricola e rurale del Mediterraneo ha rappresentato – e continua tutt'ora a rappresentare – una determinante essenziale per le economie e le società di questo paesaggio.

Nel 2005, un terzo della popolazione mediterranea risiedeva in territori rurali e ancora oggi, nonostante una tangibile decrescita, l'agricoltura è una componente forte e presente. Per rendersi conto dell'ampiezza di questo settore, basti sapere che l'agricoltura a livello mondiale occupa circa il 35% della superficie terreste e un ulteriore 35% la superficie forestale. Nell'Unione Europea, le aree classificate come rurali rappresentano oltre il 90% del territorio, ma realmente il 75% circa del suolo è impegnato in attività agricole e forestali (De Castro P., 2010). Più nel dettaglio, l'agricoltura protetta, ad esempio, ricopre circa 1 milione di ettari nel mondo, di cui quasi la metà (400 mila ha) sono concentrati nel bacino Mediterraneo (Campiotti C.A., 2009) (fra serre in vetro, serre in plastica e tunnel), principalmente in: Olanda (70%), Spagna (60%), Italia (50%), Francia (46%) e Gran Bretagna (15%) (Hubner S., 2014).

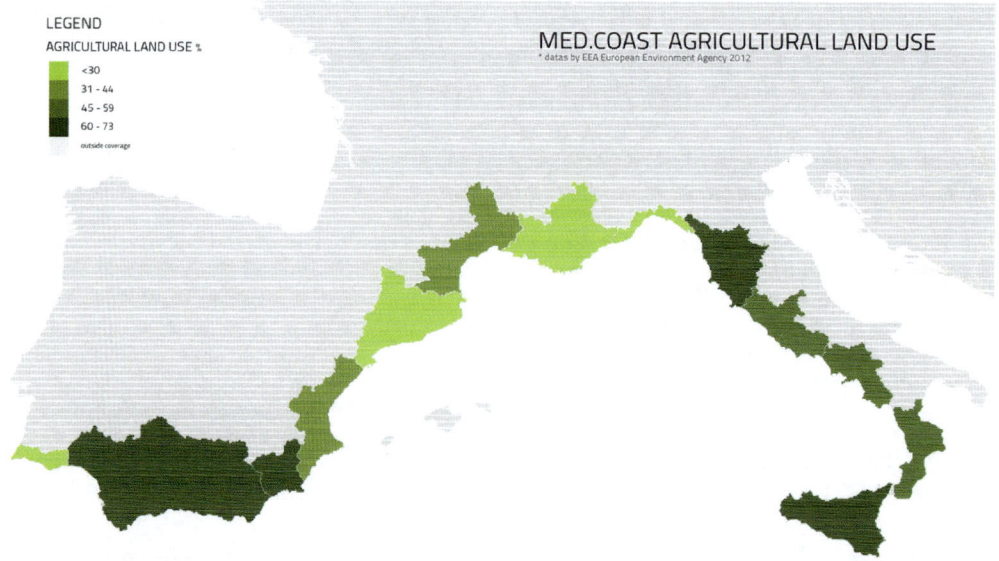

1. MedCoost AgroCities

and on that agribusiness. New Demands for food guarantees and higherfood safety levels and the need to reduce energy cost of agricultural facilities by producers, should be aligned s with the new international goals. The mediterranean agriculture should impose to become globally competitive, aiming to promote environmental sustainability, energy efficiency and the promotion of environmentally friendly production processes. The agricultural production processes of the mediterranean coast include both the nursery that the horticultural field since the beginning of the nineteenth century, when Alphonse Karr started the trade and the export of French flowers throughout Europe (both in Italy, more precisely in the province of Imperia, carnations were cultivated more than today in the whole world).

Today, the estimated areas used only to nursery in the world reaches nearly one million hectares for an indicative equivalent of about 50 billion of euro.

Italy, for example, is in first place among producer countries in this field, with 12.700 hectares of agricultural area, and among the major exporting countries, whose most interesting market is Europe itself, such as France, Germany, Netherlands, Switzerland and the United Kingdom.

Due to the significant extent of these processes is therefore necessary to focus on different cross-cutting issues (logistics, supply chains, technology, management, etc.) in order that Europe will be able to align themselves in a competitive way to the rest of the world towards an ever-increasing demand for food and floral products, pursuing sustainable development models that do not affect the environmental balance. The wealth of natural resources and the diversity of landscapes make the Mediterranean an unique eco-region, however, industrial development, the incessant building, unfair social and pollution habits continue to compromise this fragile eco-system, worsened even more by the impact of climate change that adds drought and desertification processes in rural areas.

Therefore it's necessary to understand the consequences triggered by the occupation and the intensive use of coastal rural areas of Latin arc, united by similar urban, rural and morphological conformations, as well as issues related to production cycles such as:

- The **very high energy** consumption due to the maintenance, heating and functioning of

Questo settore, tuttavia, si confronta e relaziona oggi all'interno di un contesto internazionale in grado di competere fortemente sia in campo energetico-ambientale sia su quello agro-alimentare. Le richieste di garanzie di "food safety" dei consumatori e la necessità di ridurre il costo energetico delle strutture agricole da parte dei produttori, devono allinearsi ai nuovi obiettivi che l'agricoltura mediterranea deve porsi per rendersi competitiva a livello globale, puntando a promuovere la sostenibilità ambientale, l'efficienza energetica e la valorizzazione di processi produttivi eco-compatibili.

I processi di produzione agricoli che interessano perlopiù la costa mediterranea comprendono sia il settore ortofrutticolo che quello florovivaistico già dall'inizio del XIX secolo, quando Alphonse Karr avviò il commercio e l'esportazione di fiori francesi in tutta l'Europa (contemporaneamente, in Italia, più precisamente nella provincia di Imperia, si coltivavano più garofani di quanti oggi nel mondo intero).

Oggi, la quantità di superfici stimate destinate solo al florovivaismo nel mondo raggiunge quasi un milione di ettari per un equivalente indicativo di circa 50 miliardi di euro. L'Italia, ad esempio, risulta al primo posto tra i paesi produttori in questo settore, con 12.700 ettari di superficie agricola, e fra i principali paesi esportatori, il cui mercato di maggiore interesse è l'Europa stessa, in particolare quella del Nord come Francia, Germania, Paesi Bassi, Svizzera e Regno Unito.

L'entità significativa di questi processi rende quindi necessario focalizzarsi sulle questioni che li compongono (logistica, filiere, tecnologie, gestione etc.) affinché l'Europa riesca ad allinearsi in maniera competitiva al resto del mondo nei confronti di una domanda sempre crescente di prodotti agroalimentari e floreali, perseguendo modelli di sviluppo sostenibile che non incidano sul bilancio ambientale.

La ricchezza di risorse naturali e la diversità di paesaggi rendono il Mediterraneo un'eco-regione unica, tuttavia, lo sviluppo industriale, l'incessante edificazione, le scorrette abitudini sociali e le emissioni inquinanti continuano a minare questo fragile eco-sistema, aggravato ancor più dall'impatto del cambiamento climatico che aggiunge fenomeni di siccità e processi di desertificazioni dei territori rurali.

Pertanto è necessario comprendere le conseguenze innescate dall'occupazione e dallo sfruttamento intensivo dei territori rurali costieri dell'arco latino, accomunati da conformazioni urbane, rurali e morfologiche simili, nonché le

PROTECTED AGRICULTURE IN EUROPE

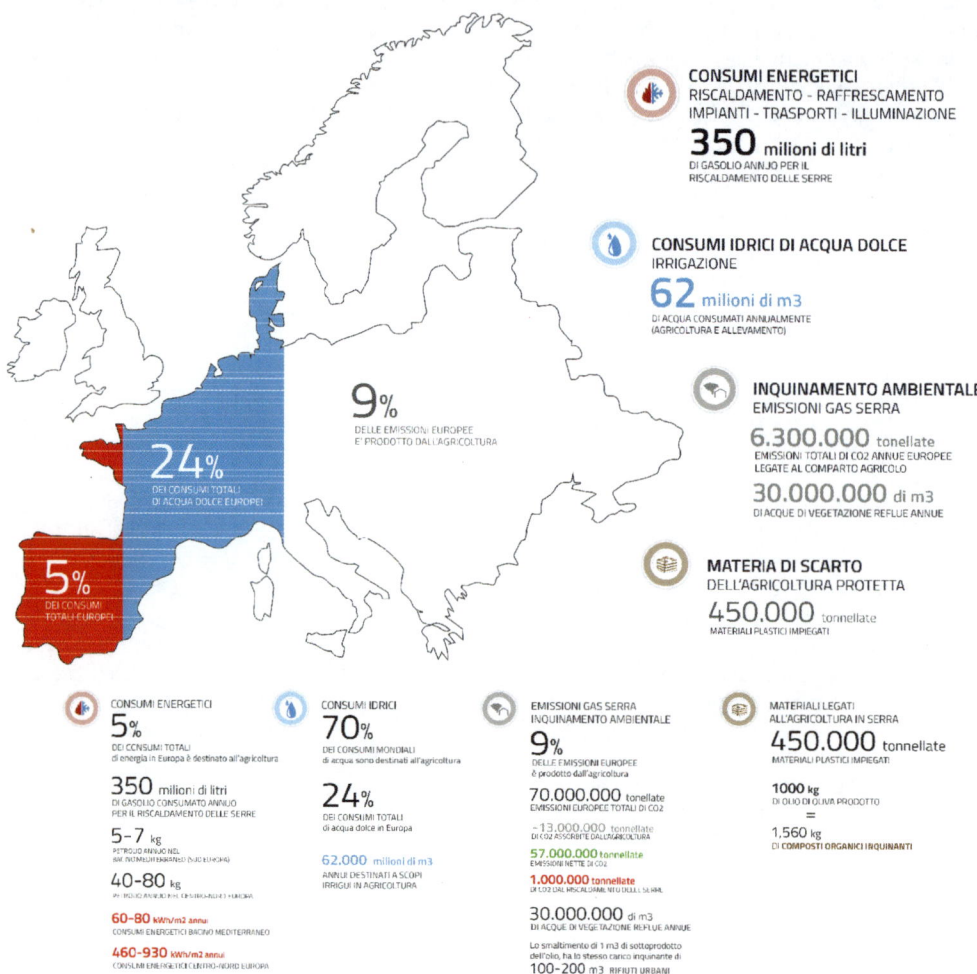

1. MedCoast AgroCities

facilities and systems both in the warm months that especially in the cold months. The european energy consumption used to agriculture amounted to 5% of total european energy consumption, of which 350 million litres of diesel annually is used only for heating of the structures.
- The environmental impact, in fact, agriculture in Europe is due to over 9% of total **greenhouse gas emissions** (6.3 million tons), mainly nitrogen, methane and carbon dioxide (derived mainly from the use fertilizer) and numerous negative effects on the land (deforestation, erosion, salinization, etc.).

- **Water consumption** for the european agricultural sector is over 24% (62 million m3 annual used in the agricultural and livestock sector), of which only one third is recovered and reused, the rest is dispersed for irrigation.

- The **use of plastic materials** for the protected agriculture exceeds 450,000 tons of plastic films, including mainly: polyethylene LDPE, more commercialized, ethyl vinyl acetate EVS and PVC polyvinyl chloride. But also the enormous amount of agricultural waste, called "green gap" needs of new recovery and recycling strategies, being biomass as a huge energetic potential.

Recently Europe is moving in the direction of efficiency and safeguard of environmental resources, with goals and strategies about the sustainable development (as well as uphold and promote the World Council for sustainable Development).

The primary objectives that the world is preparing to pursue during the next few decades, will be related to sustainable development of rural areas, through the promotion of innovative technologies, the organization of food chain, the processing and marketing of agricultural products, the protection, restoration and enhancement of ecosystems related to agriculture and forestry activities, the efficient use of resources and promoting the transition to a low carbon economy in the agri-food and forestry sectors, but also the social inclusion, poverty reduction and economic development in suburban areas.

Faced with this complex context, which is the present-day architect's position towards the planning of this "new mediterranean coun-

problematiche legate ai cicli produttivi come ad esempio:

- gli **altissimi consumi energetici** dovuti al mantenimento, riscaldamento e funzionamento di strutture e impianti sia nei mesi caldi, ma soprattutto nei mesi freddi. I consumi energetici europei destinati all'agricoltura ammontano al 5% dei consumi totali, di cui 350 milioni di litri di gasolio viene impiegato annualmente solo per il riscaldamento delle strutture.

- l'impatto ambientale, l'agricoltura in Europa è, infatti, causa di oltre il 9% di **emissioni di gas serra totali** (6,3 milioni di tonnellate), principalmente di azoto, metano e anidride carbonica (derivate principalmente dall'uso dei fertilizzanti) e di numerosi effetti negativi sul territorio (deforestazione, erosione, salinizzazione dei suoli etc.).

- Il consumo **idrico destinato** al comparto agricolo europeo è di oltre il 24% (62 milioni di m3 annui impiegati nel settore agricolo e dell'allevamento), di cui solo un terzo viene recuperato e reimpiegato, il resto viene disperso a scopi irrigui.

- L'**impiego di materiali plastici** per l'agricoltura protetta supera le 450.000 tonnellate di film plastici fra cui principalmente: polietilene LDPE, più commercializzato, etilvinilacetato EVS e cloruro di polivinile PVC. Ma anche l'enorme quantità di scarto agricolo, definito "scarto verde" necessita di nuove strategie di recupero e riciclo, essendo come biomassa un enorme potenziale energico.

È bene sapere che l'Europa si sta muovendo nella direzione dell'efficienza e salvaguardia delle risorse ambientali, con obiettivi e strategie mirate allo sviluppo sostenibile (così come afferma e promuove il World Council for Sustainable Development).

Gli obiettivi primari che il mondo si prepara a perseguire nel corso dei prossimi decenni, saranno legati a garantire lo sviluppo sostenibile delle zone rurali, nell'ottica di una maggiore redditività e competitività dell'attività agricola mediante la promozione di tecnologie innovative, l'organizzazione della filiera agroalimentare, compresa la trasformazione e la commercializzazione dei prodotti agricoli, la salvaguardia, il ripristino e la valorizzazione degli ecosistemi

tryside farmland in terms of production and environmental development?

Since the Seventies the research, about the growth and decline processes of the cities, were not limited to an only urban perspective, but have investigated all the economic globalization phenomena that incorporate and act on urban spaces, identified "... not only such as object of study, but also as a strategic reference for the theory of a wide range of social, economic and political processes in the current era" (Sassen S., 1997).

Nowadays the ration or functionalist planning is unable to handle these dynamic and fragmented situations, that are incubators of complex relationships (city-countryside, space-infrastructure, agricultural economy - sustainable development etc.), but rich of potentiality.

It will need to integrate traditional instruments with more global reorganization systems of urban and peri-urban space, able to support the farmland in this time of great change, helping it to achieve goals of sustainable development required from Europe, through awareness of the potential of the place and of the relationship that could weave with the cities themselves.

Who wants to face these issues, will understand the morphological-territorial and socio-cultural question of this mediterranean agricultural landscape, in order to explore new prospects for these spaces through design strategies to reorganize rural sub-peripheral spaces, inquiring about future developments and providing a forecast of the concept of agriculture in the future scenario.

So, I consider interesting to reflect on the dynamics of this multi-mediterranean city un-

connessi all'agricoltura e alle foreste, la promozione dell'uso efficiente delle risorse e il passaggio a un'economia a basse emissioni di carbonio nel settore agroalimentare e forestale, nonché l'inclusione sociale, la riduzione della povertà e lo sviluppo economico nelle zone suburbane.

Di fronte a questo complesso contesto, qual è allora la posizione dell'architetto odierno nei confronti della pianificazione di questa "nuova campagna" mediterranea carica di responsabilità sotto il profilo produttivo, ma soprattutto ambientale?

A partire dagli anni Settanta gli studi dei processi di crescita e di declino delle città non si sono limitati ad una prospettiva unicamente urbana, ma hanno indagato tutti i fenomeni di globalizzazione economica che inglobano e agiscono sugli spazi urbani, identificati "...non solo in quanto oggetto di studio, ma anche in quanto riferimento strategico per la teorizzazione di una vasta serie di processi sociali, economici e politici dell'era attuale" (Sassen S., 1997).

La pianificazione razione o funzionalista è incapace oggi di gestire questi contesti tanto dinamici e frammentari, incubatori di complesse relazioni (cittadino-campagna, spazio-infrastrutture, economia agricola-sviluppo sostenibile etc.), ma ricchi di potenzialità. Si dovranno integrare agli strumenti tradizionali sistemi più globali di riorganizzazione dello spazio urbano e peri-urbano, in grado di affiancare la campagna in questo momento di forte cambiamento, aiutandola a perseguire quegli obiettivi di sviluppo sostenibile richiesti dall'Europa, mediante la presa di coscienza delle potenzialità dei luoghi e del rapporto che potrebbero intrecciare con le città stesse.

1. MedCoast AgroCities

derstanding local realities and setting them in an international context in order to identify a method-model that allows to: integrate the existing with the new requirements, define some guidelines for limit new employment and recover the spaces «residues» (Clément, 2005) - residual territories, delaissé - and to propose new design strategies that consider the problems and opportunities of the territory, providing an innovative and advanced method applicable to the local scale but transferable to the global scale.

References/Referenze
pp.180-181

Colui che intende affrontare queste questioni, dovrà comprendere la dimensione sia morfologica-territoriale che socio-culturale di questo paesaggio agricolo mediterraneo, al fine di esplorare nuove prospettive per questi spazi mediante strategie progettuali di riorganizzazione dello spazio sub-periferico rurale, interrogandosi sugli sviluppi futuri e fornendo una previsione del concetto di agricoltura nello scenario futuro. Ritengo pertanto d'interesse una riflessione sulle dinamiche che investono questa multi-città mediterranea affrontando le realtà locali e inquadrandole in contesti internazionali al fine di individuare un metodo-modello che permetta di integrare l'esistente con le nuove esigenze, definire alcune linee guida per limitare la nuova occupazione e recuperare gli spazi «residui» (Clément, 2005) – territori residuali, delaissé – nonché proporre nuove strategie progettuali che considerino problematiche e opportunità del territorio, fornendo un metodo innovativo e avanzato applicabile alla scala del locale ma trasferibile a quella del globale.

Aerial photo of Albenga
Source: Ph. Luciano Rosso

2.1

Picture - Aerial photo of Albenga
Source: Ph. Luciano Rosso

Why Glasscity?

Located in the middle of the Riviera di Ponente, Albenga is the heart of the Ingaunum lowland (from the latin Albìngaunum – the capital city + genitive plural in –um). This vast territory is an interesting model due to its variety of patterns. Close to the sea, Albenga has a characteristic old town developed during the Roman Empire and it's still the heart of the city. In addition to this, comes to life on the coast the touristic-seaside activity that allows the town to triple the population and to increase all the earnings of all the services related to it during summer.

However, what defines its image is the green. A kind of green mostly agricultural since the intensive culture of flowers and greens rapresents the economic key of the town. Wooded areas and rural parks are a large portion current in and around Albenga. On the one hand the agricultural and floricultural trade is developing for over half a century, on the other, over the last decade, in the suburbs, the industrial trade has settled significantly, home to some huge national brands such as Piaggio Aero, Noberasco, Fruttital, Fitimex, Ferrari and so on. From the seaside to the suburbs, a small town of just 23 km2 is divided into layers disconnected from each others. The only common element is Centa River which starts from the highest point of the town, through the floodplain and flows on the coast in front of the Gallinara Island.

This study aims to integrate these different areas in a single system able to exploit the qualities of the agricultural land in a touristic-productive process. The purpose of this project is to apply to the whole town a self-feeding strategy that allows Albenga to self-sustaining, both energetic and economic level, producing, recycling, reusing to produce anew, becoming an example of Greencity, a sustainable town.

How to connect all these elements and make them work together within a common project?

Posta al centro della Rivera di Ponente, Albenga è il fulcro della Pianura Ingauna (da Albìngaunum - città capoluogo e ingaunum - popolazione ingauna). Questo vasto territorio risulta un modello interessante data la variegata tipologia di pattern che lo compongono. A ridosso del mare, Albenga presenta un caratteristico centro storico, sviluppatosi durante l'Impero Romano e ancora oggi cuore della città. Accanto a questo prende vita sulla costa l'attività turistico-balneare che nella stagione estiva permette alla città di triplicare la popolazione e di incrementare i guadagni di tutti i servizi ad essa correlati. Tuttavia, ciò che più ne determina l'immagine è il verde.

Un verde perlopiù agricolo, dato che, la coltivazione intensiva di fiori e ortaggi, rappresenta il cardine economico della città. Ma anche le aree boschive e i parchi rurali ne costituiscono un'ampia porzione presente in ed intorno ad Albenga. Ma se da un lato il commercio agricolo e floricolo si sviluppa da oltre mezzo secolo, nell'ultimo decennio si è insediato significativamente nelle aree periferiche anche il settore industriale che ospita la sede di alcuni grandi marchi nazionali come Piaggio Aero, Noberasco, Fruttital, Fitimex, Ferrari... Dal litorale alla periferia, un'apparente piccola città di appena 23 km2, si articola fra una varietà di layer tra loro sconnessi.

L'unico elemento presente che invade e tocca ognuno di questi è il Fiume Centa che nasce a monte della città, attraversa la pianura alluvionale e sfocia sul litorale di fronte all'Isola Gallinara. Questo studio si pone come obiettivo quello di integrare questi differenti tessuti in un unico sistema che possa sfruttare le qualità del territorio agricolo all'interno di un processo turistico-produttivo.

Il fine ultimo di questo progetto è di attuare all'intera città una strategia di auto-produzione (self-feeding strategy) che permetta ad Albenga di auto-alimentarsi sia a livello energetico che economico, producendo, riciclando, riutilizzando per produrre nuovamente, diventando un modello di esempio di GreenCity, una città sostenibile.

Come unire tutti questi elementi per farli comunicare e interagire all'interno di un progetto comune?

1 project | Glass City

45 km2 surface of the lowland

3 km lenght of the river Centa

2.2

Picture - Aerial photo of Albenga
Source: Ph. Luciano Rosso

The hundred spires in the Old Town
Near The Glass?

The ancient core of Albenga is recognizable by the characteristic red roofs, built on the delta of the Centa, for a total surface of 19.300 mq. At first village, then roman municipium and then again medieval town, Albenga enjoyed a period of prosperity till the XIII century when a major trasformation happened. The river has been diverted to the south causing a rapid expansion of the lowland and burying the seaside in front of the town and the port. Albenga loses progressively its connection with the sea and bases its economy almost exclusively on a poor agriculture.

Subdued by Genoa, occupied by the French, assigned to the Savoyard Kingdom, Albenga went through long periods of decline and neglect. Around the mid-nineteenth century citizens transformed the agricultural economy into a commercial business of import-export, bringing wealth to the town and the farmers. Albenga comes back to life and its city plan, remained still for centuries, changes. In the twentieth century the city expands around the old town, which nowadays looks like a red island surrounded by a grey sea of concrete.

Albenga has the nickname of "city of a hundred spires" even though the spires that overtop the roofs of the old town are not hundred, but certainly a large number, specially if summed up to the church steeples. Built mostly around the XIII century next to the noble houses, used to indicate the power and prestige of the family.

At the base they consist of massive stone blocks (conci), whilst the top remained brickwork. Different was the fate of the towers: some of them have been preserved almost intact in their glory, others have been changed in many ways: cutted and turned into terraces, incorporated into houses till they disappeared, cropped off, inclined because of subsidence of the ground, crumbled during earthquakes.

After admiring the great towers of Saint Michael Square, postcard images, just look up to see others, adapted to new needs.

Next to the medieval town is possible to discover in Albenga many Roman remains. Floods and shallows of the river Centa, in fact, it allowed the detection of several buildings, probably spas, close to the port area and, around

Il nucleo antico della città di Albenga, riconoscibile dai caratteristici tetti rossi, occupa la parte estrema della piana formata dal fiume Centa, per una superficie totale di circa 19.300 mq. Prima villaggio di lontane origini liguri, poi municipium romano, quindi Comune medioevale conosce momenti di consistente prosperità economica fino al XIII secolo, quando subisce una profonda trasformazione. Il corso del fiume, che scorreva a nord, viene deviato a sud provocando un rapido ampliamento della piana interrando però la zona di mare antistante la città e il porto (che sino ad allora ne aveva caratterizzato la storia). Albenga perde progressivamente il contatto con il mare sino a basare la sua economia quasi esclusivamente su un'agricoltura povera.

Sottomessa da Genova, occupata dai Francesi, assegnata ai Savoia conosce lunghi periodi di decadenza ed abbandono. Verso la metà dell'Ottocento, cittadini intraprendenti trasformano l'economia agricola in un business commerciale di import-export, portando ricchezza alla piana e ai coltivatori. Albenga si risveglia e il suo impianto urbanistico, rimasto immobile per secoli, congelato nel cerchio delle antiche mura, si modifica. Nel Novecento, la città si espande a macchia d'olio intorno al centro storico, che attualmente appare come un'isola rossa circondata da un grigio mare di cemento.

Albenga è detta "città delle cento torri". In realtà le torri che sovrastano i tetti del centro storico non sono proprio cento, ma certamente un bel numero, soprattutto se sommate ai campanili delle chiese. Edificate per lo più nel secolo XIII a fianco alle dimore delle casate nobiliari, indicavano la potenza e il prestigio della famiglia.

Alla base sono costituite da massicci blocchi di pietra (conci), mentre la parte superiore rimase in mattoni a vista. Varia fu la sorte delle torri: alcune si sono conservate pressoché intatte e sono giunte sino a noi nel loro splendore, altre hanno subito modifiche di ogni genere: tagliate e trasformate in terrazze, inglobate dentro le case sino a scomparire, mozzate per eventi vari, inclinate per cedimenti del terreno, crollate per via di terremoti. Dopo aver ammirato le splendide torri di piazza San Michele, immagini da cartolina, diventate il simbolo di Albenga, basta alzare lo sguardo per vederne altre, adattate

the inland, some pylons that belonged to the original aqueduct which used to follow the roman street till the Saint Martin area. Nowadays this archaeological site is called Saint Calogero (from the construction of the worship building related to the martyrdom of Saint Calogero) and restored preexistences from the Roman Empire during the archaeological campaigns occured in 1934.

"Monumental tombs and necropolis flank this road itinerary, perfectly preserved, especially towards Alassio. The amphitheater, with its unusual position compared to the classical schemes, retrains the original disposition of the oldest city [...]" This latter is dated around II-III century and is located on the hill of "del monte". Are also part of Albenga's archaeological sites the finds in the adjacent waters around the Gallinara Island.

"The discovery, at 40m deep, of the biggest Roman wreck, increases the general picture of the localizations [...] The research work on the wreck led to the foundation of the Centre for Underwater Archaeology, making Albenga the operative base for the under water campaigns in all the national waters [...] Discoveries, made by the Artiglio ship from 1950 to today, show the existence of a hull, about 60m long, whose sinking is dated around the I century before Christ. The ship still contains most of its load (more than 10.000 amphorae), only hundreds of those have been recovered and exposed in the Albenga museum along with part of the armament and the ship furnishings".[1] (Stringa, 1980)

alle nuove esigenze, far capolino dai tetti della città medioevale.

Accanto alla città medievale è possibile ritrovare in Albenga molti reperti romani. "La ricorrenza delle piene e delle magre del Centa, infatti, ha permesso la rilevazione, nel suo attuale letto, di una sedie di edifici di probabile destinazione termale presso l'area del porto e più a monte, in corrispondenza del tessuto della via Julia Augusta, dei piloni dell'acquedotto che seguiva forse la strada romana fino all'area di S. Martino lungo la curva di livello della collina." Oggi quest'area archeologica prende il nome di San Calogero (dalla costruzione dell'edificio di culto collegato al martirio di Calogero) e restituì, durante le campagne archeologiche avvenute a partire dal 1934, preesistenze di età romana imperiale.

"Monumental tombs and necropolis flank this road itinerary, perfectly preserved, especially towards Alassio. The amphitheater, with its unusual position compared to the classical schemes, retrains the original disposition of the oldest city [...]" This latter is dated around II-III century and is located on the hill of "del monte". Are also part of Albenga's archaeological sites the finds in the adjacent waters around the Gallinara Island.

"The discovery, at 40m deep, of the biggest Roman wreck, increases the general picture of the localizations [...] the research work on the wreck led to the foundation of the Centre for Underwater Archaeology, making Albenga the operative base for the under water campaigns

Hystorical spires of Abenga - Source: scoprialbenga.it

The first amphoras recovered, 9 February 1950 - Source: Archivio Istituto Internazionale di Studi Liguri

in all the national waters [...] Discoveries, made by the Artiglio ship from 1950 to today, show the existence of a hull, about 60m long, whose sinking is dated around the I century before Christ. The ship still contains most of its load (more than 10.000 amphorae), only hundreds of those have been recovered and exposed in the Albenga museum along with part of the armament and the ship furnishings". [1] (Stringa, 1980)

2.3

Picture - Aerial photo of Albenga
Source: Ph. Luciano Rosso

Tourist-bathing activity on the coast
More than glass?

Located in the middle of a polycentric pentagon, Albenga is in a definitely prosperous position, only a few hours far from big italian and european cities.

Moreover, just a few kilometers far from the town there are cities such as Alassio, Le Cinque Terre, Genova and Montecarlo, attractive places that entertain a large number of tourists during the whole year. These places have the potential to attract over 2.200.000 italian tourists annually, coming, for the most part, from the neighboring regions, and about 1.500.000 foreign tourists coming mostly from the European Community, except for a small portion of international tourism (about 13%)[2].

Posta nel mezzo di un pentagono policentrico, Albenga gode di una posizione sicuramente favorevole. In un range di appena poche ore è possibile raggiungere le grandi metropoli italiane ed europee. Inoltre, a soli pochi chilometri di distanza dalla città si trovano località come Alassio, Le Cinque Terre, Genova e Montecarlo che fungono da poli attrattivi, muovendo grandi flussi turistici durante l'intero anno. Queste località hanno le potenzialità per attrarre annualmente oltre 2.200.000 turisti italiani, provenienti per la maggior parte dalle regioni limitrofe, e circa 1.500.000 turisti stranieri, provenienti perlopiù dalla Comunità Europea, fatta eccezione per una piccola porzione di turismo internazionale (circa 13%)[2].

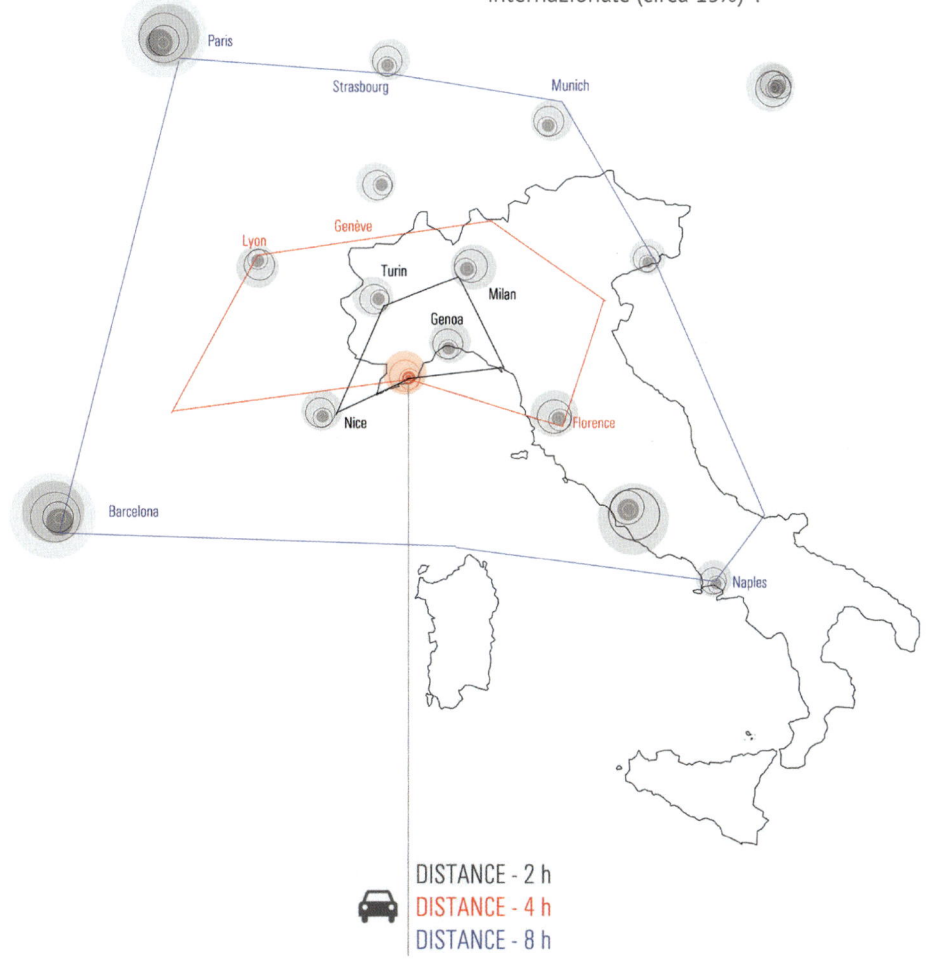

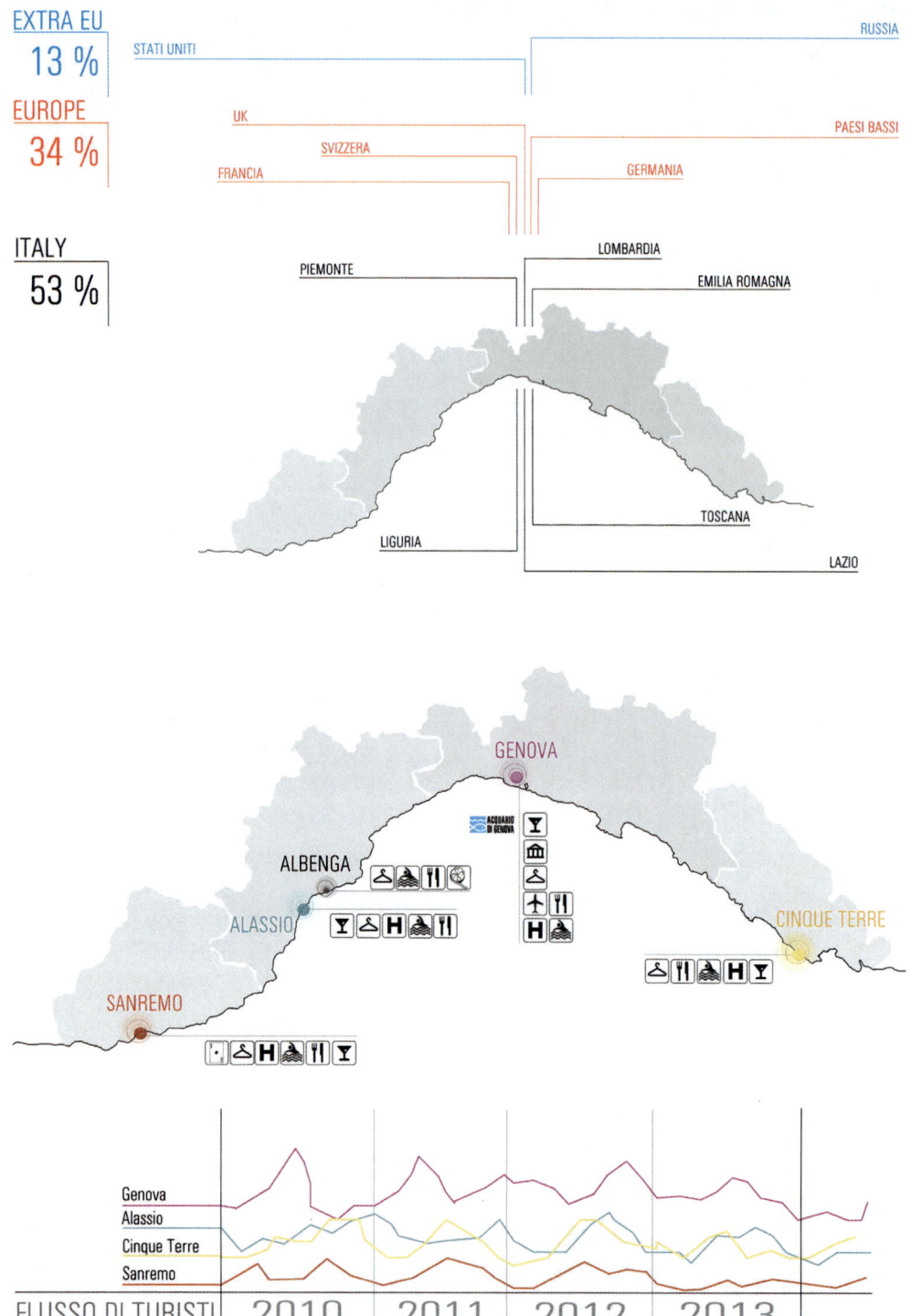

Even though Albenga doesn't rapresent an important tourist place compared to others cities in the Ligurian Gulf, it takes advantage of their influence anyway, thanks to its optimal position.

Another strong tourist factor in Riviera is the presence of two big ports (Savona and Genova) which are the basis of many cruise ships. This kind of tourism attracts thousands of people that annually dock in these cities for a few days or even just for a few hours, increasing the profit of all those accomodations and dining activities located especially on the coast and surrounding areas.

Into this kind of temporary tourism are included tourist flows coming from Genoa airport (C. Colombo), french airport (Nice- Côte d'Azur) and the nearby Villanova d'Albenga airport (C. Panero), born as military airport in 1922 and civilized completely in 1983[3].

Nonostante Albenga non rappresenti un polo turistico di importanza pari alle città presenti sul Golfo Ligure, ne sfrutta comunque la loro influenza, data la posizione ottimale in cui si trova.

Un altro considerevole fattore turistico in Riviera è la presenza di due grandi porti (Savona e Genova), che sono base di numerose rotte navali per grandi crociere. Questo tipo di turismo muove migliaia di persone che annualmente attraccano in queste città per alcuni giorni o anche solo poche ore, incrementando il ritorno economico di tutte quelle attività ricettive e ristorative poste specialmente sulla costa e nei dintorni limitrofi.

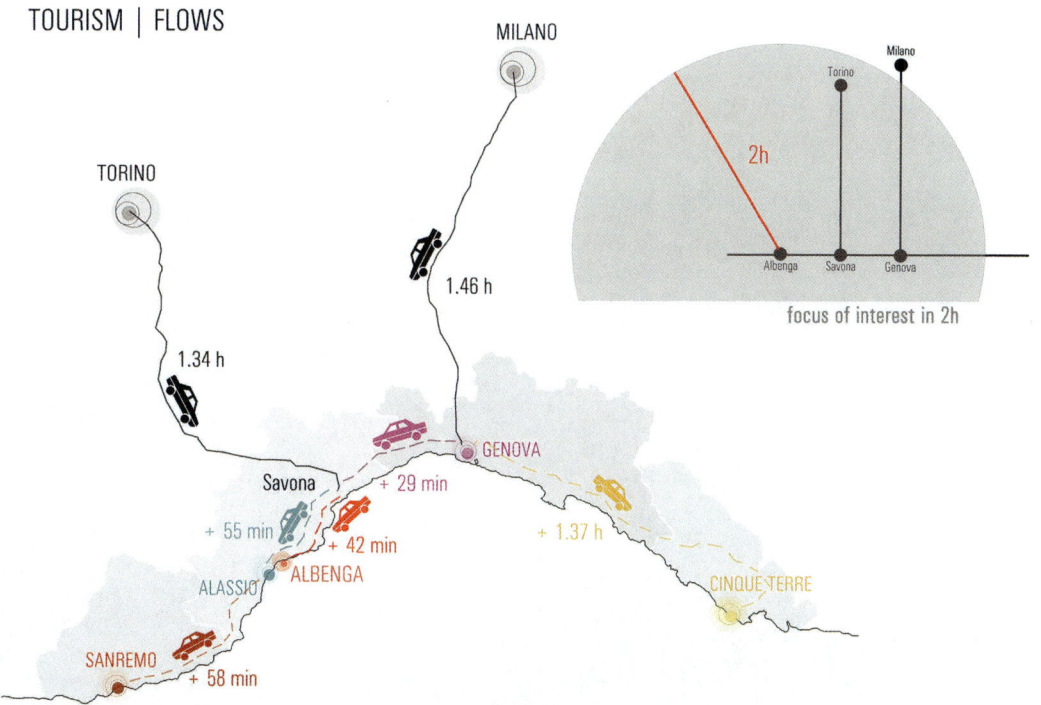

TOURISM | FLOWS

focus of interest in 2h

Picture: International Airport "Clemente Panero" Villanova d'Albenga
Source: Piaggio Aero Industries

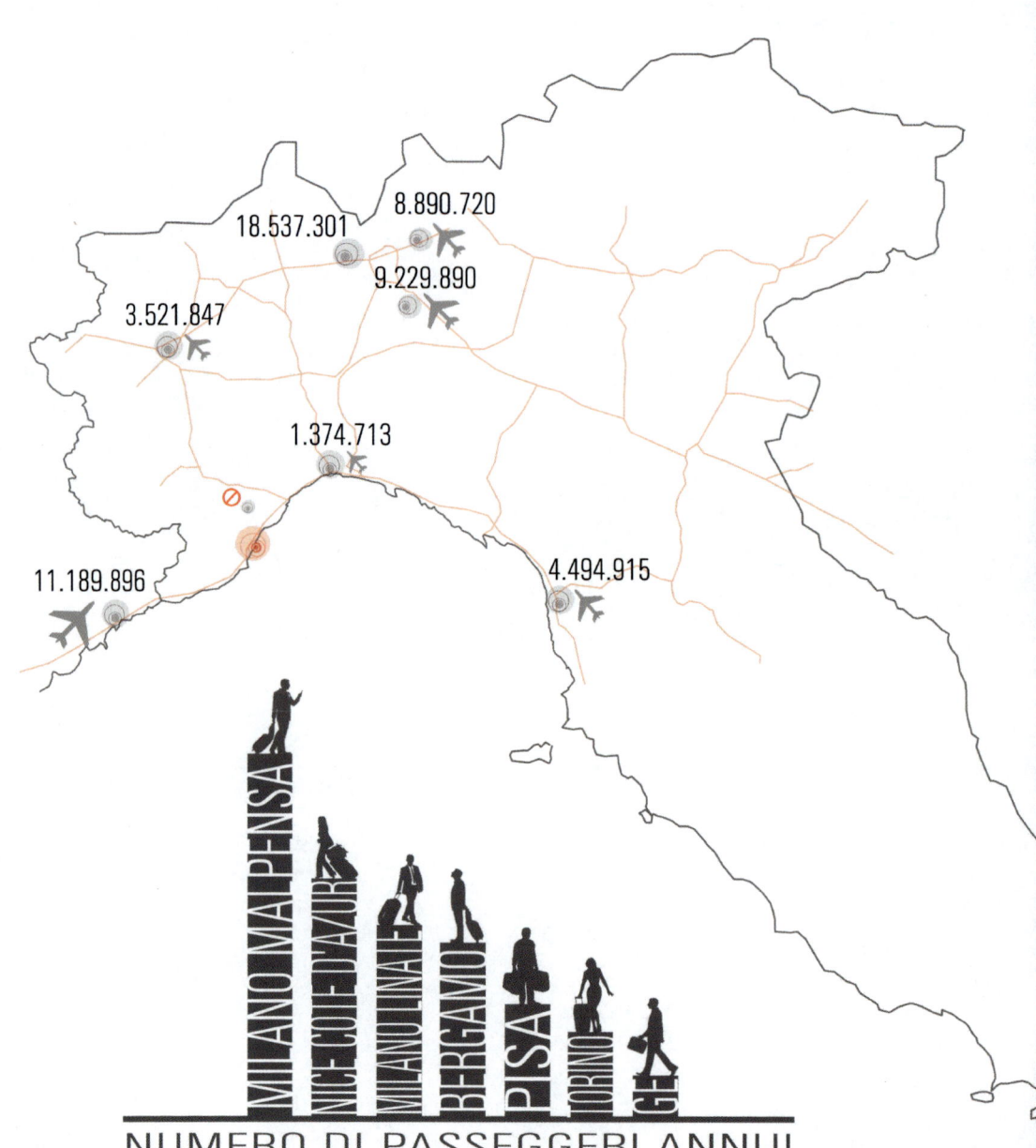

In 2008 it's been closed to tourist flights and today it allows flights for business aviation, helitaxi, civil protection, private charter and air force only. The potential of this structure is been, therefore, strongly reduced, even though there are attractions nearby such as Garlenda Golf Club and one hippodrome or traditional events such as Sanremo Music Festival and Monaco Grand Prix which, till 2008, used to reach an affluence of more than 100 flights and 450 passenger in just three days[4].

Therefore, thanks to the strategic location on the Ligurian Gulf and to the favorable urban context, Albenga could be today a small touristic-commercial metropolis whereas, with the passing of years, has passively suffered a decline of tourism. Tourism of "vacation houses" is, however, still present.

Notes
2. about 13% (source: Osservatorio Turistico Regionale)
3. in 1983 (Tchou, 2004)
4. in just three days (Ciorra, De Maio, 2008)

Sempre a questo tipo di turismo transitorio possono essere inglobati i flussi turistici provenienti dagli aeroporti genovese (C. Colombo) e francese (Nizza-Côte d'Azur) e dal vicino aeroporto di Villanova d'Albenga (C. Panero). Nato come aeroporto militare nel 1922, e completamente civilizzato nel 1983[3].

Oggi, essendo stato nel 2008, chiuso ai voli turistici, viene unicamente sfruttato per linee commerciali (business aviation), elitaxi, protezione civile, charter privati e aviazione militare. E' stata perciò fortemente ridotta la potenzialità di questa struttura, nonostante la presenza di impianti nelle aree limitrofe all'albenganese come il Golf Club di Garlenda e l'Ippodromo, e di eventi particolari quali il Festival di Sanremo e il Gran Premio di Montecarlo, che da solo in appena tre giorni raggiungeva, fino al 2008, un'affluenza di oltre 100 voli e di circa 450 passeggeri[4].

Pertanto, grazie alla posizione strategica sul Golfo Ligure e al contesto urbano favorevole, Albenga potrebbe essere oggi una piccola metropoli turistico-commerciale, mentre, invece, con il passare degli anni ha passivamente subito una continua diminuzione dell'attività turistica, mantenendo in parte quella porzione di "turismo di seconde case" che nei decenni dell'edificazione selvaggia si è ampiamente sviluppato.

Note
2. datas from Osservatorio Turistico Regionale
3. exstract "Piccoli Aereoporti", D. M.Tchou, research for Villard IV, Edilstampa, 2004
4. exstract ""Piccoli Aereporti, infrastruttura, città e paesaggio nel territorio italiano", P. Ciorra, F. De Maio, Marsilio, 2008

Picture - Isola Gallinara, protected reserve, Albenga
Source: isolagallinaratour.it

2.4

Picture -Aerial photo of Albenga
Source: Ph. Luciano Rosso

Agriculture and floriculture: export business

Under the glass?

Albenga's plain is the largest alluvial plain in Liguria, created by the deposition of sediment over a long period of time by creeks such as Arroscia, Neva and Pennavaira that also flow into the Centa river.

Since 1924 all the marshy areas of the plain have been completely reclaimed to promote its agricultural growth. With a 45km2 long surface, the plain extends between the municipalities of Ceriale, Cisano sul Neva, Ortovero and Albenga. Since 1750, the agricultural production of the plain steadily increased till became an important point for the economy of the city.

The alluvial features of this area allowed the culture of some local products that became over the years the pride of this region. Among the local greens there are: purple asparagus, chicory, zucchini "trombetta", tomatoes "cuori di bue", Albenga artichokes and Extra Virgin Olive Oil. Many of these have got awards such as: Denominazione di Origine Controllata (DOC), Denominazione di Origine Protetta (DOP), Indicazione Geografica Tipica (IGT) and Indicazione Geografica Protetta (IGP).

La piana di Albenga è la più grande pianura di origine alluvionale della Liguria, formatasi nel tempo dai sedimenti depositati dai torrenti Arroscia, Neva e Pennavaira che alimentano anche il fiume Centa. A partire dal 1924 tutte le zone acquitrinose della piana ingauna vennero completamente bonificate per favorirne il suo sviluppo nell'ambito agricolo. Con una superficie di circa 45 km2, la piana si estende tra i territori comunali di Ceriale, Cisano sul Neva, Ortovero e Albenga. Dal 1750 la produzione agricola della pianura aumentò costantemente fino a divenire pilastro portante dell'economia della città.

Le caratteristiche alluvionali di questa zona pianeggiante ponentina permisero la coltivazione di alcuni prodotti locali che rappresentarono negli anni il fiore all'occhiello della produzione agricola della riviera. Fra gli ortaggi tipici troviamo: l'asparago violetto, il radicchio, la zucchina trombetta, i pomodori "Cuore di Bue", il carciofo spinoso di Albenga e l'Olio ExtraVergine di Oliva. Molti fra questi prodotti hanno ottenuto i riconoscimenti di Denominazione di Origine Controllata (DOC), Denominazione di origine protetta (DOP), Indicazione Geografica Tipica (IGT) e Indicazione geografica protetta (IGP).

Picture - Aerial photo of Albertina
Source: Ph. Luciano Rosso

INTERNATIONAL EXPORT

During the 50s the floriculture joined the agriculture and became the main export product.

The intensive culture of flowers gave the Riviera its name Riviera dei Fiori (Riviera of Flowers) or Riviera delle Palme (Riviera of Palms).

Within a few years the demand, coming especially from North Europe, became the main business for the most part of small and medium sized companies in the area.Recently, moreover, the Laboratorio Chimico Merceologico of the Industry for the vocational training of the Savona Chamber of Commerce obtained the authorization from the Department of Health to check all the products for the export to Japan.

An important win for the Laboratorio and a primary means for the prestigious companies of the region that can now export their own agricultural products overseas.

Since October 2014 appears a new future for the over 700 agricultural companies in the Savona area.

Anche la floricoltura si affiancò alla produzione ortofrutticola, negli anni '50, fino a divenire il principale prodotto di esportazione.

L'intensiva coltivazione di fiori procurò alla pianura il nominativo di Riviera dei Fiori o Riviera delle Palme. Nel giro di alcuni anni la richiesta da parte specialmente del Nord d'Europa divenne il principale business per la maggior parte delle piccole e medie aziende agricole presenti nella zona. Recentemente, inoltre, Il Laboratorio Chimico Merceologico dell'Azienda speciale per la formazione professionale della Camera di Commercio di Savona ha ottenuto l'autorizzazione dal Ministero della Salute per effettuare i controlli sui prodotti destinati all'esportazione in Giappone. Un importante riconoscimento per il Laboratorio e uno strumento fondamentale per le aziende di eccellenza del territorio che potranno esportare i propri prodotti agroalimentari oltre oceano. Si apre a partire da Ottobre 2014 una nuova prospettiva per le oltre 700 aziende agricole presenti nella provincia di Savona.

EXPORT | ALBENGA

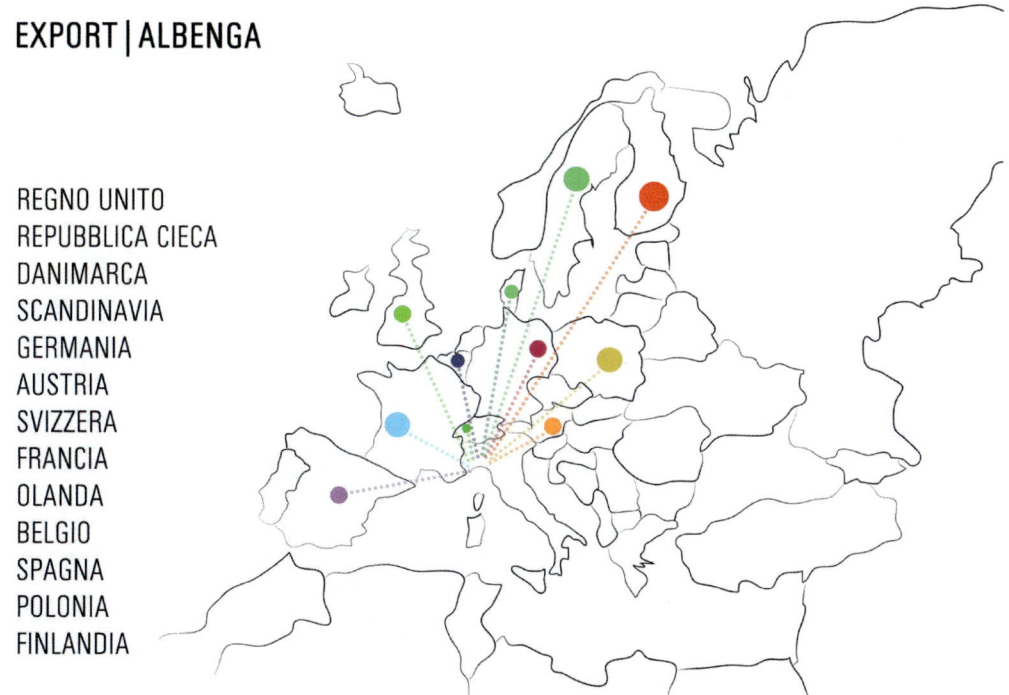

REGNO UNITO
REPUBBLICA CIECA
DANIMARCA
SCANDINAVIA
GERMANIA
AUSTRIA
SVIZZERA
FRANCIA
OLANDA
BELGIO
SPAGNA
POLONIA
FINLANDIA

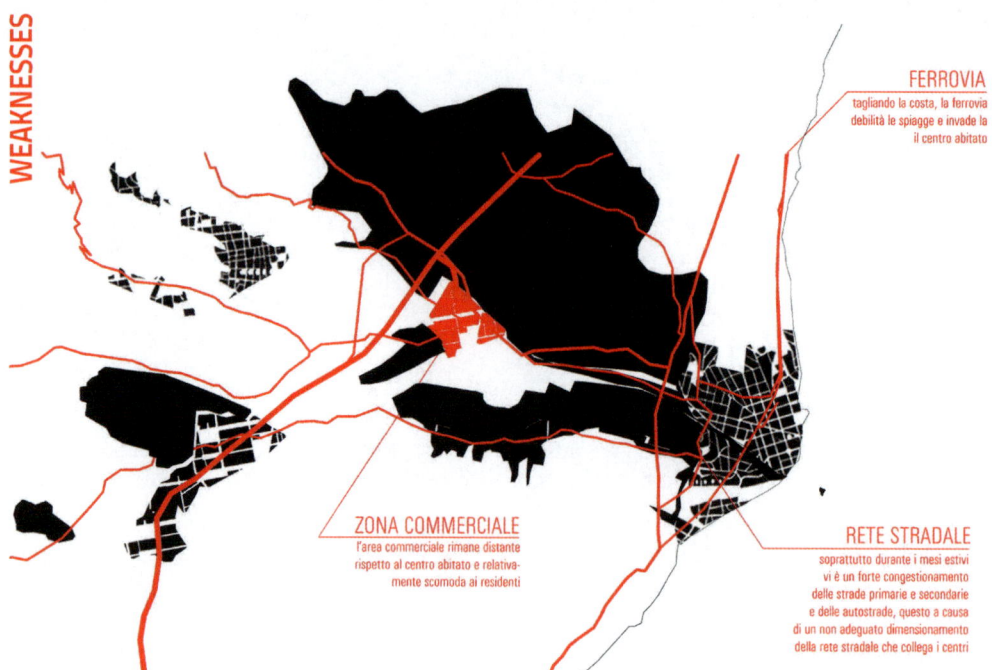

WEAKNESSES

FERROVIA
tagliando la costa, la ferrovia debilità le spiagge e invade la il centro abitato

ZONA COMMERCIALE
l'area commerciale rimane distante rispetto al centro abitato e relativamente scomoda ai residenti

RETE STRADALE
soprattutto durante i mesi estivi vi è un forte congestionamento delle strade primarie e secondarie e delle autostrade, questo a causa di un non adeguato dimensionamento della rete stradale che collega i centri

STRENGHTS

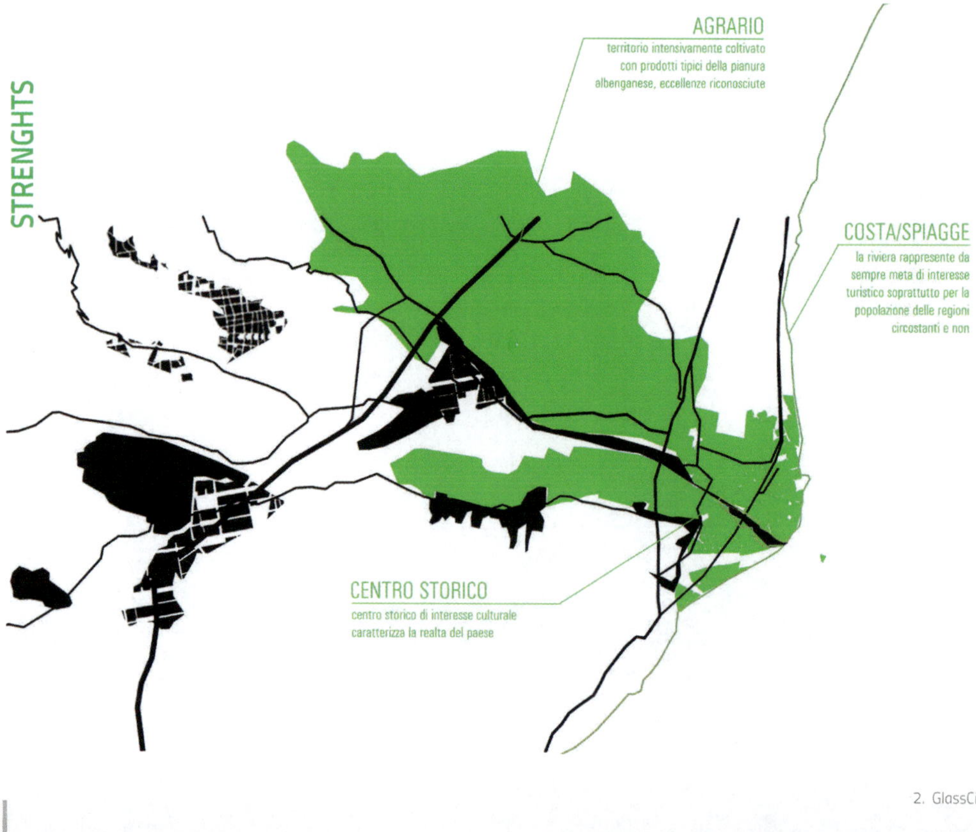

AGRARIO
territorio intensivamente coltivato con prodotti tipici della pianura albenganese, eccellenze riconosciute

COSTA/SPIAGGE
la riviera rappresente da sempre meta di interesse turistico soprattutto per la popolazione delle regioni circostanti e non

CENTRO STORICO
centro storico di interesse culturale caratterizza la realta del paese

2. GlassCity

SWOT ANALYSIS

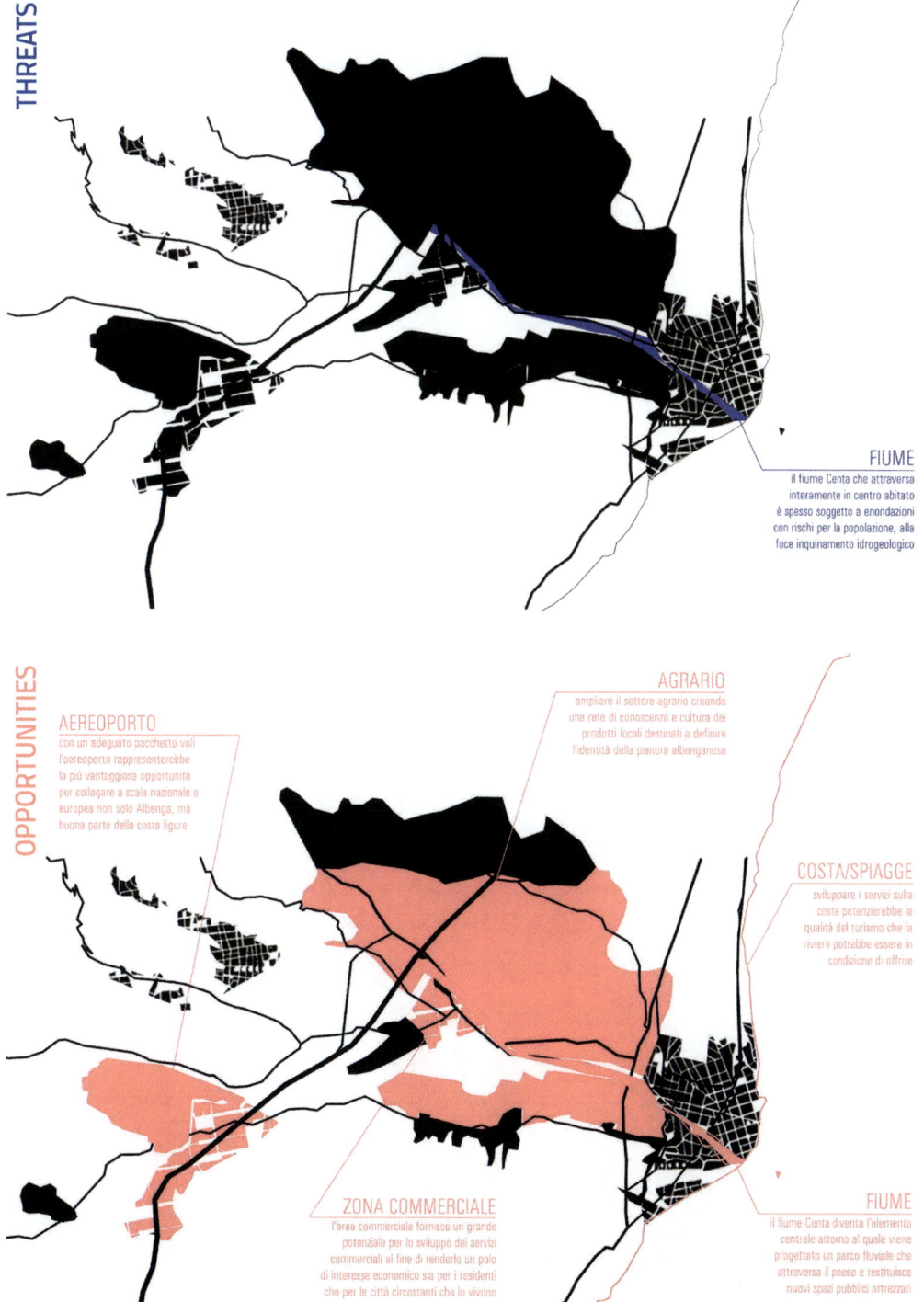

THREATS

FIUME
il fiume Centa che attraversa interamente in centro abitato è spesso soggetto a enondazioni con rischi per la popolazione, alla foce inquinamento idrogeologico

OPPORTUNITIES

AEREOPORTO
con un adeguato pacchetto voli l'aereoporto rappresenterebbe la più vantaggiosa opportunità per collegare a scala nazionale e europea non solo Albenga, ma buona parte della costa ligure

AGRARIO
ampliare il settore agrario creando una rete di conoscenza e cultura dei prodotti locali destinati a definire l'identità della pianura albenganese

COSTA/SPIAGGE
sviluppare i servizi sulla costa potenzierebbe la qualità del turismo che la riviera potrebbe essere in condizione di offrire

ZONA COMMERCIALE
l'area commerciale fornisce un grande potenziale per lo sviluppo dei servizi commerciali al fine di renderlo un polo di interesse economico sia per i residenti che per le città circostanti che lo vivono

FIUME
il fiume Centa diventa l'elemento centrale attorno al quale viene progettato un parco fluviale che attraversa il paese e restituisce nuovi spazi pubblici attrezzati

Context

Picture - Aerial photo of Albenga
Source: Ph. Luciano Rosso

3.1

Picture - Aerial photo of Albenga
Source Ph. Luciano Rosso

Context: density and surfaces around the glass

Historically the town of Albenga settled close to the coast, as a port city, and has developed in time thanks to the increase of the floriculture and agriculture.

This kind of activity needed wide open spaces that were hard to find on the coast, therefore, with the increase of farmers has begun to occupy the suburbs and people started to settle in the lowland behind the urban old town. This defined the layout of the city drawing a vast agricultural area on the two sides of the river and it has been named Piana d'Albenga, that became famous for the culture of DOC products (such as Albenga artichokes and purple asparagus) exported in the whole Europe.

Storicamente la città di Albenga si insediò a ridosso della costa, come una città portuale, e si sviluppò poi nel tempo grazie all'incremento dell'agricoltura floreale e ortofrutticola. Questo tipo di attività necessitò di ampi spazi aperti che sulla fascia costiera difficilmente era possibile trovare, pertanto via via, con l'aumento dei coltivatori, si iniziò ad occupare la periferia e le persone a stabilirsi nella pianura alle spalle del centro storico cittadino. Ciò definì l'assetto della città disegnando un'ampia area prevalentemente a destinazione agricola ai due lati del fiume che prese il nome di Piana d'Albenga, diventata nel tempo famosa per la coltivazione di prodotti DOC (come il carciofo d'Albenga e l'asparago violetto) esportati in tutta Europa.

Picture: Map from 1773 made by Matteo Vinzoni which shows Albenga's city plan in XVIII century
Source: wikypedia.org

With the increase of the industrial sector over the last decades was necessary to search for wide spaces again for the development of industrial and commercial infrastructures.

They kept occupying the suburbs of the plain increasingly moving from the original center (close to the sea) building proper industrial and commercial areas, however, too far from both center and coast and completely isolated from the rest of the city. The structure of this territory appears thus very interesting but at the same time hard to manage because of the variety of spaces and the distances between them. The coast doesn't fulfill with its services all the tourists requests, the old town is invaded during summer and desolated during winter, the enormous agricultural sector isn't connected to the rest of the city and doesn't involves tourists whatsoever. The new shopping centers, at last, are located in the suburb, losing, in this way, the possibility to make the most of the flows of tourism that unlikely move from the urban center or the seaside.

Con l'incremento negli ultimi decenni del settore industriale fu nuovamente necessario ricercare grandi spazi per lo sviluppo delle infrastrutture industriali e commerciali.

Si continuò ad occupare le aree periferiche della piana allontanandosi sempre più dall'originale centro (a ridosso del mare) costruendo vere e proprie zone industriali e commerciali che però risultano distanti da chi vive il centro e la costa e del tutto isolate dal resto della città. La conformazione di questo territorio appare perciò molto interessante quanto di difficile gestione, data la varietà di spazi presenti e le distanze che si frappongono tra essi. La costa non soddisfa con i servizi le richieste del turista, il centro storico risulta invaso nella stagione estiva e deserto nel periodo invernale, l'enorme fascia agricola non dialoga con il resto della città e non coinvolge il turista, i nuovi centri commerciali, infine, risultano dislocati nella periferia della città, perdendo in questo modo la possibilità di sfruttare i flussi turistici che difficilmente si spostano dal centro cittadino o dall'area balneare.

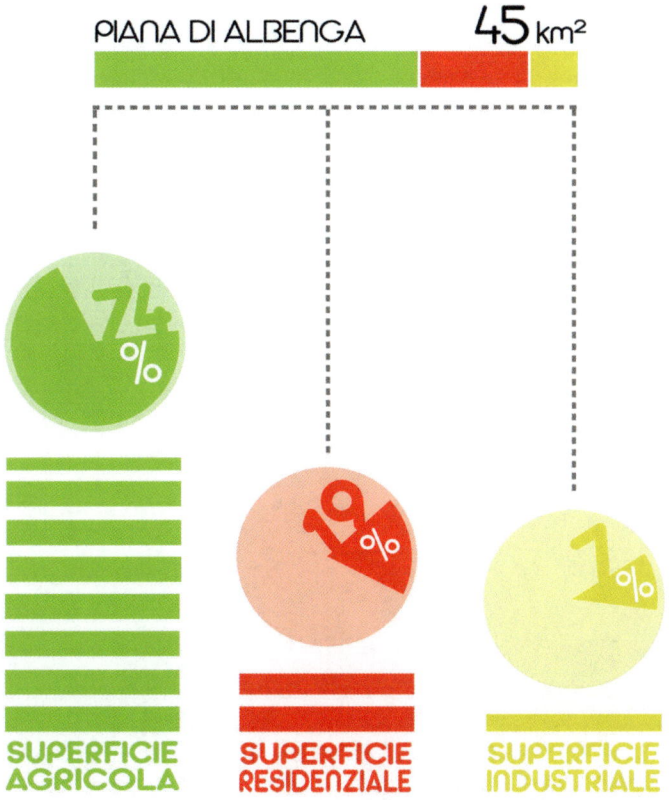

Program 4

4.1

Picture - Aerial photo of Albenga
Source: Ph. Luciano Rosso

Objectives of PTC all verified by VAS

To develop a design strategy is first necessary to prefix goals.

The PTC, Piano Territoriale di Coordinamento (an urban plan), made by the province of Savona, suggests some goals for the new reorganization of the urban plan, that can be summed up in six macro-categories:
1. Energy
2. Infrastructures
3. Tourist system
4. Settlement Reorganization
5. Landscape and Territory
6. Protected areas and Ecologic system

all verified by VAS Valutazione Ambientale Strategica whose goal is "..to ensure an high level of protection of the environment and contribute to the integration of environmental considerations during the act of processing and adopting plans and programs aimed to promote the sustainable development..." (VAS, PTC, Provincia di Savona).

objectives

energy
+
infrastructures
+
tourism system
+
settlement reorganization
+
landscape and territory
+
ecologic process

Picture - Provincial Planners goals Scheme with the targets of the project study.

4. Program

1. REORGANIZATION OF THE ENERGETIC SECTOR

- To reach the 7% of the energetic needs using sustainable sources such as solar energy, bioenergy, wind energy, hydroelectricity and anaerobic digestion.
- To promote the development of supply companies of energetic services (ESCO Energy Service Companies), multiutilities companies, environmentally certificated, able to provide a wide range of services: heating, water, garbage disposal, environmental services and logistic.
- To identify suitable areas for the energetic development of wooded biomass, termodevelopment of municipal solid waste, to the promotion of solar energy and energetic self-production.

- Raggiungere il 7% del fabbisogno energetico da fonti rinnovabili attraverso la promozione della domanda di energia termica di origine solare, la valorizzazione energetica delle biomasse, delle risorse eoliche, idriche e dei rifiuti.
- Promuovere lo sviluppo di imprese fornitrici di servizi energetici (ESCO Energy Service Companies), imprese multiutilities, ambientalmente certificate , in grado di fornire un'ampia gamma di servizi: teleriscaldamento, acqua, smaltimento dei rifiuti, servizi ambientali e logistica.
- Individuare opportune aree idonee alla valorizzazione energetica delle biomasse boschive, alla termovalorizzazione dei rifiuti solidi urbani, alla promozione del solare termico e all'autoproduzione energetica.

2. INFRASTRUCTURAL ORGANIZATION OF THE COAST AND THE HINTERLAND

- To produce a new infrastructural/transport system with rails moving upstream the railways infrastructures.

- To face the reuse of the coastal railways topic in terms of identification of possible actions of unitary reuse for the whole coastal arc aimed to the realization of an innovative public transport system with tourist functions and a pedestrian and bicycle itinerary with a high landscape-environmental and tourist value as a strategic project of a territorial plan that can solve and improve the actual critical situation of the general pollution, congestion and lack of parks.

- To solve urban problems related to the connection between "railway axis-settlements" in the various centers in order to regain the central disused areas and existing railways, main elements of urban functions and needs, tear down barriers and restore the existing urban tissues.

- To integrate new railways into the rail circuit through the definition of infrastructural connections of public transport and interchange car-train areas.

- To improve connections between coast and hinterland and amongst territories through adjustment programs and recovery plans of existing mobility.

- To enhance the Villanova d'Albenga Airport increasing accomodation, tourist, recreational, commercial and sports services in the adjacent areas protecting the landscape-environmental existing sources.

- Realizzare un nuovo sistema infrastrutturale di trasporto su rotaie spostando a monte le infrastrutture ferroviarie.

- Affrontare il tema del riuso della linea ferroviaria litoranea in termini di individuazione delle possibili azioni di riuso a carattere unitario per l'intero arco costiero mirate alla realizzazione di un sistema di trasporto pubblico leggero innovativo con funzioni turistiche e di un itinerario pedonale e ciclabile di alto valore paesistico-ambientale e turistico quale progetto strategico di assetto territoriale, che possa risolvere e migliorare la attuali criticità di inquinamento, di congestione e di carenza di parcheggi.

- Risolvere le problematiche urbanistiche connesse al rapporto "asse ferroviario-insediamenti" nei diversi centri al fine di un recupero delle aree dismesse centrali e delle stazioni esistenti quali elementi centrali per funzioni ed usi urbani al fine di abbattere le barriere costruite e ricucire i tessuti esistenti.

- Integrare le nuove stazioni a monte della linea ferroviaria mediante la definizione di collegamenti infrastrutturali di trasporto pubblico e aree di interscambio auto-treno.

- Migliorare i collegamenti tra costa ed entroterra ed i collegamenti di media cornice tra gli ambiti territoriali mediante lavori di adeguamento e recupero di viabilità esistente.

- Sviluppare l'Aeroporto Interregionale di Villanova d'Albenga incrementando nelle aree limitrofe all'aeroporto servizi ricettivi, turistici, ricreativi, commerciali e sportivi salvaguardando le risorse paesaggistico-ambientali presenti.

3. COASTAL TOURISM INNOVATION SYSTEM

- Move from the concept of tourist product to local tourism system through the coordination of elements spread within the territory (accomodation, naturalistic, environmental, historical, cultural, sports, infrastructural...)
- To develop the extra-seaside demand with the identification of new targets connected to the extension of local products range such as: participation into local companies, educational farms, sports facilities (rock climbing and scuba diving not only during summer)...
- To retrain accomodation structures existing, not only with a modernization plan, but also identifying new accomodation methods that allow to "capture" additional tourist target.
- To promote support activities for the tourist market: infrastructural actions (highways and telematic) and precise (parks, cycle paths, footpaths).
- To defend and value surfaced and submerged coastal sections and their landscaping, naturalistic and environmental value, to increase fruition and public services for a recreational use of the coast.

- Passare dal concetto di prodotto turistico a quello di sistema locale di offerta turistica attraverso il coordinamento della pluralità di elementi diffusi sul territorio (ricettivi, naturalistici, ambientali, storici, culturali, sportivi, infrastrutturali ...)
- Sviluppare la domanda extrabalneare con l'individuazione di nuovi target di domanda connessi all'ampliamento della gamma di prodotti locali del territorio, come ad esempio: coinvolgimento in aziende locali di produzioni tipiche, fattorie didattiche di apprendimento, impianti sportivi di arrampicata e subacquea non solo per la stagione estiva...
- Riqualificare le strutture ricettive esistenti, non solo con interventi di riammodernamento, ma anche individuando nuove formule ricettive che consentano di "catturare" target aggiuntivi di consumatori turistici.
- Favorire gli interventi a supporto del mercato turistico: interventi a carattere infrastrutturale (autostradale e telematico) e puntuale (parcheggi, approdi turistici, piste ciclabili, percorsi pedonali).
- Tutelare e valorizzare i tratti di costa emersa e sommersa con valore paesaggistico, naturalistico ed ambientale e incrementare la fruizione e i servizi pubblici per un utilizzo ricreativo della zona costiera.

4. SETTLE REORGANIZATION OF ALBENGA'S PLAIN

- To improve the national and international competitiveness of Albenga's intensive companies preserving all the features of "high specialization" focused on the agricultural production.

- To consolidate Albenga's "Distretto Agricolo e Florovivaistico del Ponente" (LR 30/11/2001 n.42) and its intersectoral relations between agriculture and commercial, craft and directional sectors.

- Creation of a "Agro-Technological Park" with a support function to the production for the purely agrarian and industrial-craft aspects, economic aspect and the urban structure of the territory.

- To protect the farmland defining the productive specialization of the agricultural areas.

- To identify new equipped areas, with infrastructures for settlement of activities and companies that operate on both national and international scales in the innovation field with agricultural, industrial and advanced services sectors.

- To improve the quality of the settlement system in the agricultural plain and the urban quality in the urban areas through the reorganization of residential, commercial, productive functions and services, the redevelopment of public spaces and limit new settlements in the urbanized areas.

- To pursue a better architectural-environmental quality into the crafts-commercial sectors and to coordinate the locational choices of the new facilities.

- Migliorare la competitività in ambito nazionale ed internazionale delle aziende produttive intensive della Piana di Albenga con contestuale salvaguardia delle caratteristiche di "distretto ad alta specializzazione" centrato sulla produzione agricola.

- Consolidare il "Distretto Agricolo e Florovivaistico del Ponente" (LR 30/11/2001 n.42) dell'Albenganese caratterizzato da una logica di sistema per le relazioni intersettoriali fra agricoltura e settori commerciale, artigianale e direzionale.

- Creazione di un "Parco Agro-Tecnologico" con funzione di supporto alla produzione sia per l'aspetto puramente agrario e industrial-artigianale, sia per ciò che riguarda l'aspetto economico e l'assetto urbanistico del territorio.

- Salvaguardare il terreno coltivabile definendo la specializzazione produttiva delle aree agricole.

- Individuare nuove aree attrezzate con infrastrutture anche telematiche per l'insediamento di attività ed aziende che operano a scala nazionale e internazionale nel campo dell'innovazione nei settori agricolo, industriale e terziario avanzato.

- Migliorare la qualità del sistema insediativo della piana agricola e la qualità urbana dei centri abitati mediante il riordino delle funzioni residenziali, commerciali, produttive e dei servizi, la riqualificazione degli spazi pubblici e il contenimento delle nuove previsioni insediative delle aree urbanizzate.

- Perseguire una maggiore qualità architettonico-ambientale dei tessuti artigianali-commerciali e coordinare le scelte localizzative dei nuovi tessuti funzionali.

5. LANDSCAPE DEVELOPMENT: LOCAL COMMUNITY AND TERRITORY MAINTENANCE

- To establish measures for a "landscape project" that articulates into local systems valuing the identity elements that shape the territory and distinguish it from the others.

- To maintain the agricultural areas and to promote the development of the agricultural, zootechnical and forest activities, supporting the multifunctionality of the agricultural activity intended not only as production of foodstuffs, but a even wider opportunities range and territorial/social services which are public operations and sources of income for farmers.

- To preserve the "rural landscape" integrating the agricultural production and tourism through the promotion of research, training and information structures connected to cultures and to the quality certification.

- To retrain and reclaim the abandoned areas due to the presence of quarries or instability events.

- To ward and regain the beachfront especially alongside of the historical and commercial ports and promote the renaturation processes of the coastal areas.

- Stabilire le misure per un "progetto di paesaggio" che si articoli per sistemi locali valorizzando gli elementi di identità che configurano il territorio e lo distinguono dagli altri.

- Mantenere gli spazi coltivati e promuovere lo sviluppo delle attività agricole, zootecniche e forestali, sostenendo la multifunzionalità dell'attività agricola intesa come non solo produzione di beni alimentari, ma come una ben più ampia offerta di opportunità e servizi territoriali e sociali oggetto di intervento pubblico e fonte di reddito per gli agricoltori.

- Conservare il "paesaggio rurale" integrando produzione agricola e turismo mediante la promozione di strutture di ricerca, formazione e informazione legate alle colture e alla certificazione di qualità.

- Riqualificare e bonificare le aree degradate per la presenza di cave o di fenomeni di dissesto.

- Tutelare e recuperare il fronte mare specie in corrispondenza dei porti storici e commerciali e favorire i processi di rinaturazione delle fasce costiere.

6. PROTECTED AREAS SYSTEM AND ECOLOGICAL NETWORK

- To start up promotion and development strategies of Protected Provincial Areas and Environmental Systems in correlation with recreational projects of these areas (Valle Ibà, Isola Gallinara...).

- To maintain high the biodiversity through the making of an ecological network that promotes the connection between ecosystems.

- To define a cognitive framework of distribution of geologic-geomorphological sites avoiding the realization of new infrastructures nearby these areas.

- To protect marine ecosystems, ensuring the defense of biological diversity, the reduction of polluting contributions, reduction of discharges, the protection of areas and species at risk, the restriction of operation to defend control of urbanization on the coasts.

- Production of water purification plants in coastal Municipalities according to the Piano Stralcio's indications about quality of water.

- To create and protect marine reserves rationalizing fishing for allowed periods and types.

- To defend the riverbank areas and promote renaturation processes of riverbeds, protecting them from new buildings but keeping them safe.

- Avviare delle strategie di promozione e valorizzazione delle Aree Protette Provinciali e dei Sistemi Ambientali in sinergia con progetti di fruizione ricreativa di tali aree (Valle Ibà, Isola Gallinara...).

- Mantenere elevata la biodiversità attraverso la creazione di una rete ecologica che favorisca la comunicazione fra ecosistemi.

- Definire un quadro conoscitivo della distribuzione dei siti di interesse geologico-geomorfologico evitando la realizzazione di nuove infrastrutture nei pressi di queste zone.

- Tutelare gli ecosistemi marini, assicurando la difesa della diversità biologica, la riduzione degli apporti inquinanti, la riduzione degli scarichi, la tutela delle aree e delle specie a rischio, la limitazione delle opere rigide di difesa a mare, il controllo dell'urbanizzazione sulle coste.

- Realizzazione di impianti di depurazione delle acque nei Comuni costieri adeguati alle portate stagionali secondo le indicazioni del Piano Stralcio per la Qualità delle Acque.

- Creare e tutelare le riserve marine razionalizzando la pesca per periodi e tipologie consentite.

- Tutelare le aree di sponda dei fiumi e favorire i processi di rinaturazione degli alvei, salvaguardandoli da nuove edificazioni, ma mantenendoli in sicurezza.

- **Settore Energie Pulite – Rinnovabili**: 20% — RIORGANIZZAZIONE DEL COMPARTO ENERGETICO
- **Settore Trasporti e Infrastrutture**: 23% — RIORGANIZZAZIONE INFRASTRUTTURALE DEL CORRIDOIO LITORANEO E DELL'ENTROTERRA
- **Settore Turistico Balneare**: 22% — INNOVAZIONE DEL COMPARTO TURISTICO COSTIERO
- **Settore Infrastrutture Agricole**: 15% — RIORGANIZZAZIONE INSEDIATIVA DELLA PIANA DI ALBENGA
- **Settore Agricolo Intensivo**: 15% — VALORIZZAZIONE DEL PAESAGGIO, COMUNITA' E CULTURE LOCALI, MANUTENZIONE DEL TERRITORIO
- **Settore Aree e Siti protetti**: 10% — COSTRUZIONE DEL SISTEMA DELLE AREE PROTETTE E DELLA RETE ECOLOGICA

Picture - Rate of measures developed by the targets divided by sector

4.2

Picture - Sectoral Targets:
Water, Energy, Matter, Comfort

PTC Analisis and Sectoral Targets

Through the use of cartographies edited by PTC is possible to have a general framework of the project area and its constraints, in order to identify the program wherewith develop the planning strategy.

Are shown below, therefore, the provincial Cartographies divided into the three main structures: environmental, hydrogeological and landscape.

The planning strategy, bearing in mind the targets proposed by PTC and plan projects, will be divided in different areas:

- transports, with the moving of the railway line and the making of a new station, the redevelopment of the railway and the making of new secondary access lines to the agricultural and commercial areas, new cycle paths and bike sharing systems.

- infrastructures, with the recycling of disused structures, like the former Turinetto station converted into a Research Center or the recycling of diused greenhouses converted into Educational Farms. Agro-kindergardens and accomodating Micro-Farm. Integration of new facilities such as a Market on the coast, new sports facilities, temporary shops built reusing pallets from agricultural companies and the new Auditorium-Theater.

- energy, with the using of energetic production systems (photovoltaic systems, wild-farm with microeolic and biomass combustion systems...) and agricultural waste recycling systems "Green Waste" via composting processes.

Mediante l'utilizzo delle Cartografie redatte dal PTC è possibile avere un quadro generale dell'area di progetto e dei vincoli presenti su di essa, al fine di poter individuare il programma mediante cui sviluppare la strategia progettuale.

Vengono riportate di seguito perciò le Cartografie provinciali suddivise nei tre assetti principali: Ambientale, Idrogeologico e Paesistico.

La strategia progettuale, tenendo presente gli obiettivi proposti dal PTC e dai progetti integrati di piano, si articolerà su diversi ambiti:

- quello dei trasporti, con lo spostamento a monte della linea ferroviaria e la costruzione di una nuova stazione, la riqualificazione della ferrovia e la creazione di nuove linee secondarie di accesso alle zone agricole e di collegamento con le aree commerciali, nuove piste ciclabili e piazzole di bikesharing;

- quello delle infrastrutture, con il riciclo delle strutture dismesse, come l'ex caserma della Turinetto convertita in un Centro di Ricerca o il recupero delle serre inutilizzate riadibite a Fattorie Didattiche, Agro-asili e Micro-Farm ricettive.

L'inserimento di nuove facilities come il Mercato sulla costa, i nuovi impianti sportivi, i temporary shop costruiti riutilizzando i pallet delle aziende agricole e il nuovo Auditorium-Teatro.

- quello dell'energia, con l'utilizzo di sistemi per la produzione energetica (impianti fotovoltaici, wind-farm con microeolico, combustione di biomasse...) e sistemi per il riciclo dei rifiuti agricoli "scarto verde" mediante processi di compostaggio.

strategy
transports + infrastructures + energy

4. Program

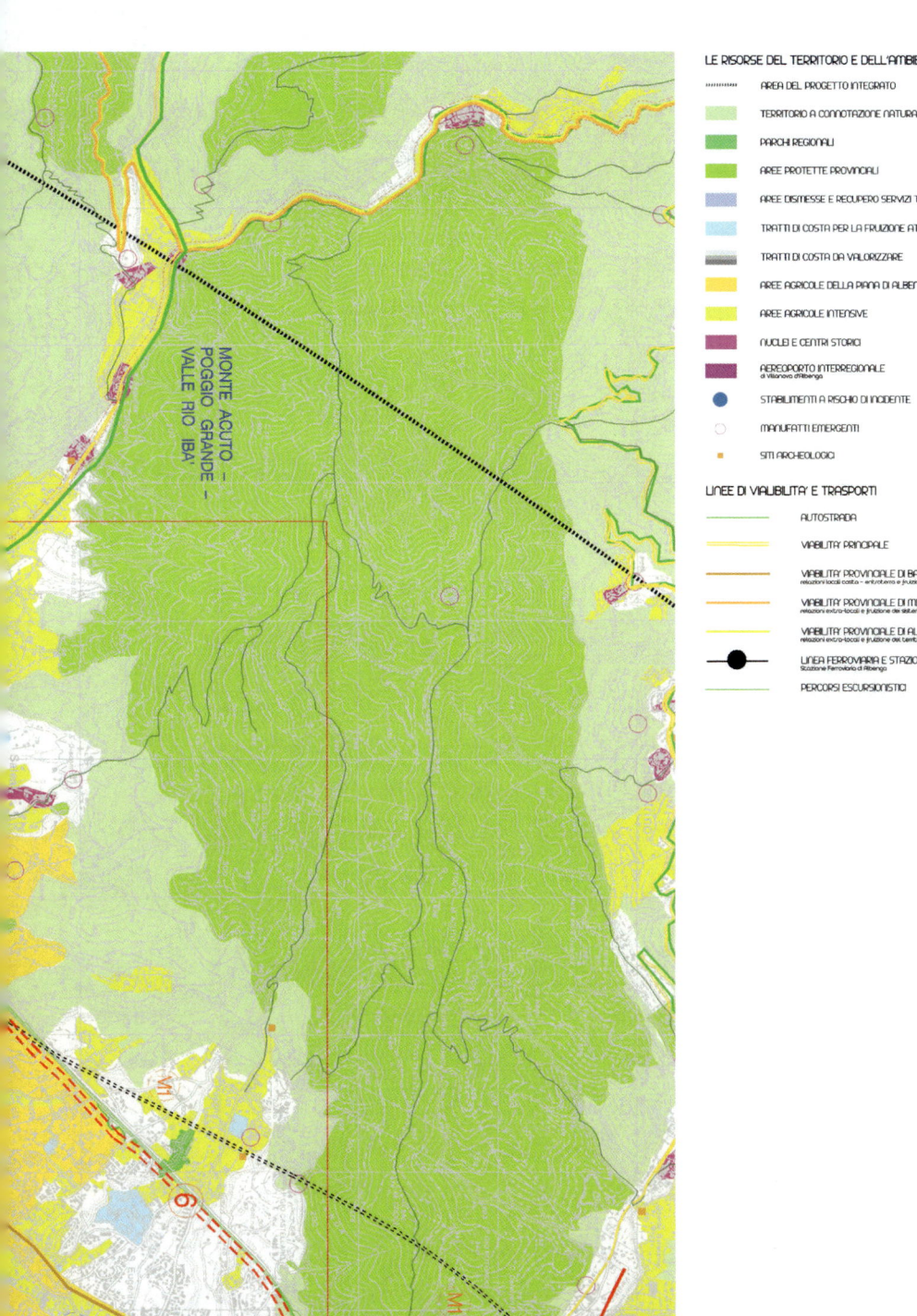

Picture Aerial photo of Albenga
Source: Ph. Luciano Rosso

Concept 5

5.1

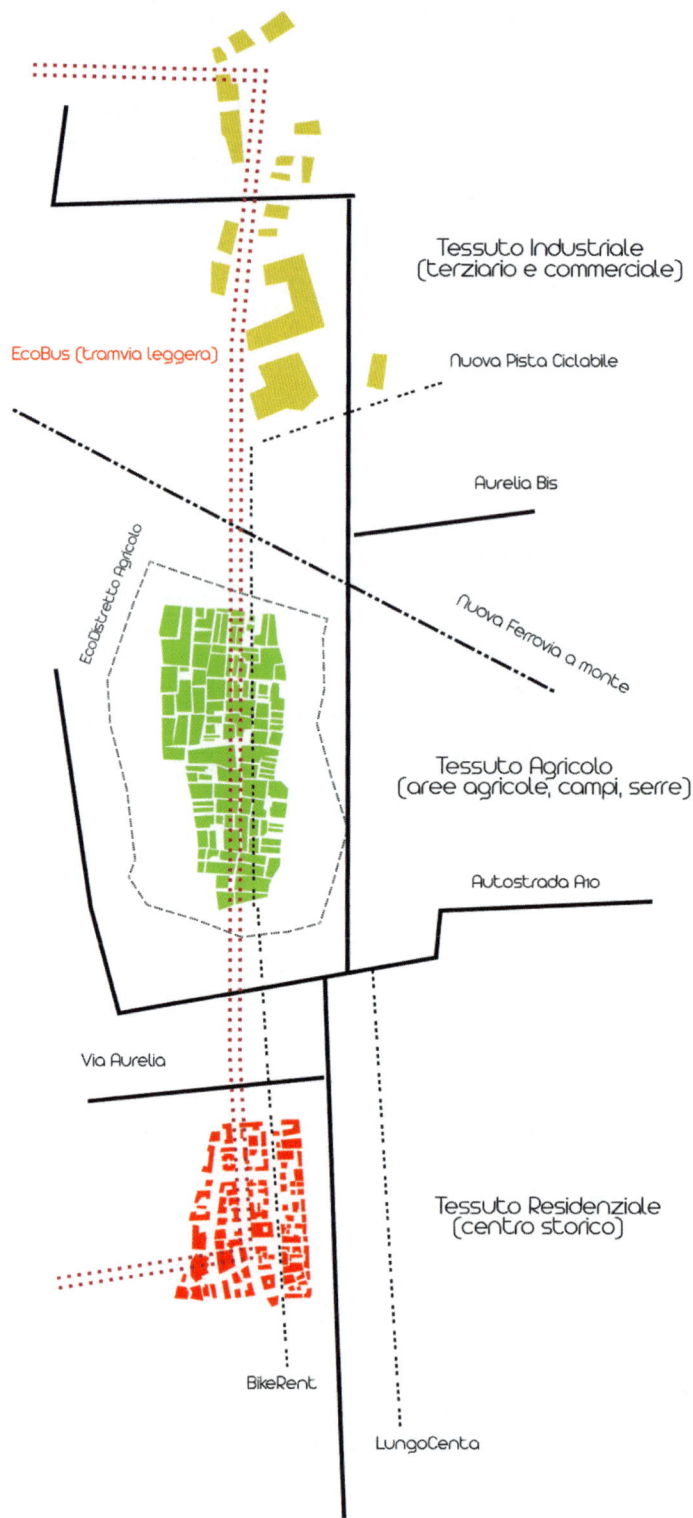

Concept - Albenga Core and Organic Park

Conformation of the territory, as previously described, is mainly characterized by three different areas: residential area (the medieval old town), agricultural area (Albenga's plain) and an industrial-commercial area in the suburbs. The project concept aims to reconnect these areas making them interact with each other by creating a river park along the Centa river, green spine that crosses the whole plain mending the town from the coast to the hinterland.

About transports, existing roads and highways lines (Via Aurelia, Aurelia Bis, Autostrada A10) will be integrated into a set of new secondary infrastructures, recycling, for example, the railway line and converting it into a Green Line crossed by a light tramway that flows through the coast to the Villanova Airport flanked by a cycle path supported by bikesharing areas to promote internal connections through the use of non-polluting transports to allow the users to live the park and not only cross it.

The making of this big Core Park has as purpose to renew the image of Albenga, from mainly agricultural town to Green City where is possible to experience new things living close to cultivated fields or indulge to spend the free time using new services located along the park always sourrounded by green areas. The new facilities are made to front the citiziens needs that live the city daily and tourists that can find new motivations to experience green-holidays

La conformazione del territorio, come già descritto precedentemente, è caratterizzata principalmente da tre tessuti diversi: un tessuto residenziale (il vecchio centro storico medievale), un tessuto agricolo (la piana di Albenga) e un tessuto industriale-commerciale sorto nelle aree periferiche. Il concept di progetto si pone l'obiettivo di ricollegare questi tessuti facendoli interagire fra loro mediante la creazione di un parco fluviale lungo il Centa, spina verde che attraversa l'intera pianura ricucendo la città dalla costa all'entroterra.

Sul piano dei trasporti si andranno ad integrare le linee stradali e autostradali presenti (Via Aurelia, Aurelia Bis, Autostrada A10) con una rete di nuove infrastrutture secondarie, recuperando, ad esempio, la linea ferroviaria e convertendola in una Green Line attraversata da una tramvia leggera che circola lungo la costa sino all'Aereoporto di Villanova e affiancata da una pista ciclabile supportata da piazzole di bikesharing per favorire i collegamenti interni mediante l'utilizzo di mezzi non inquinanti per permettere ai consumatori di vivere il parco e non solo di attraversarlo.

La creazione di questo grande Core Park ha come scopo primario quello di rinnovare l'immagine della città di Albenga, da paese prettamente agricolo, ad una Green City ove è possibile sperimentare nuove esperienze vivendo a stretto contatto fra i campi coltivati all'interno

SCHEME   SKETCH   DIAGRAM   IDEOGRAM   LOGOGRAM

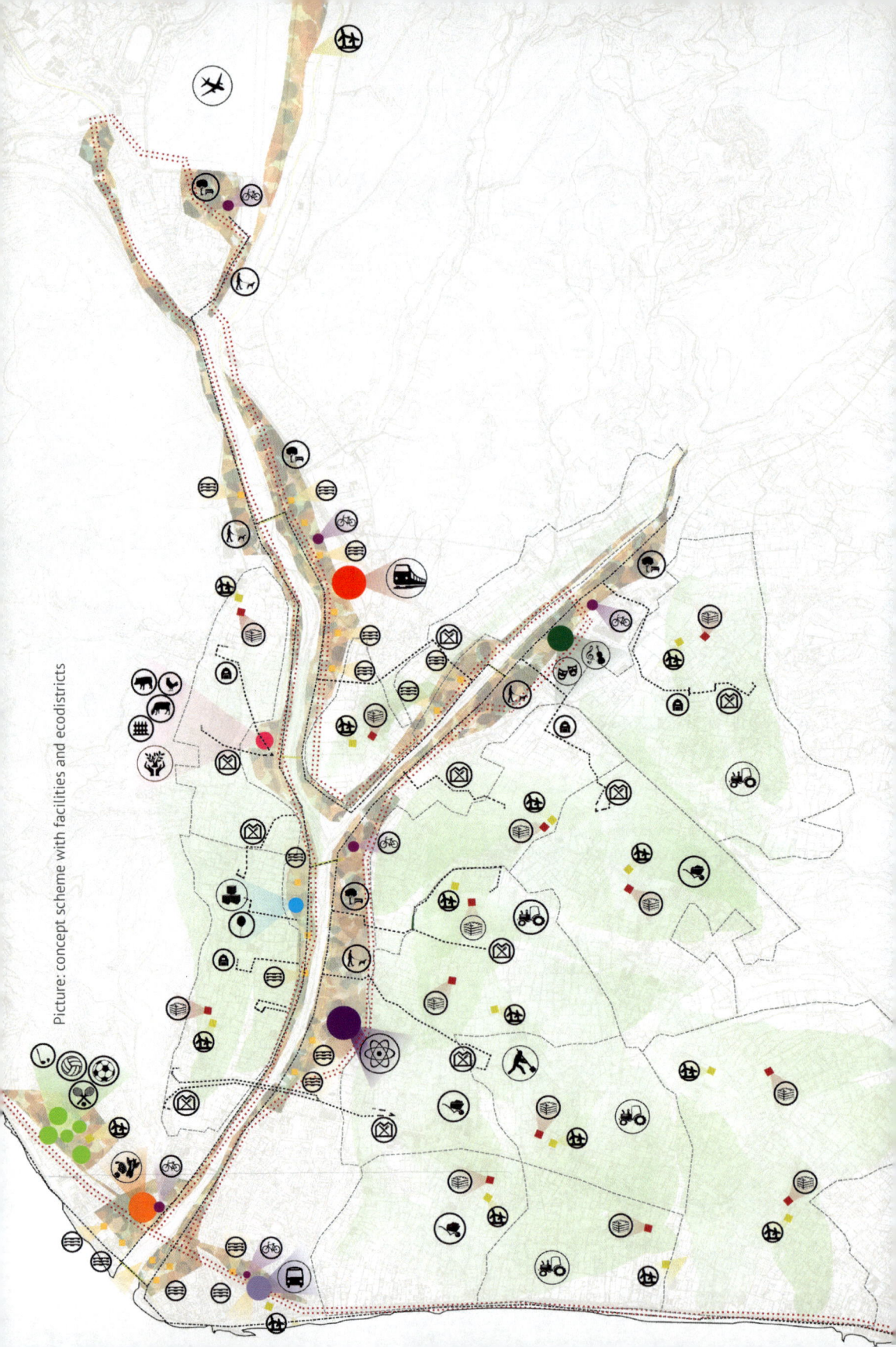
Picture: concept scheme with facilities and ecodistricts

outside the schemes facing the reality close to environmental problems that wants to be intended as model for all the similar situations.

Considering the fact that countries and cities tied to an agricultural economy rapresent the 94% of the total regional production and the 20% of the national one[5]. Albenga doesn't rapresent an isolated study case, but one of the many present in our territory and that's why it deserves the development of an analytics strategy that can overcome problems related to the production and its impact on the territory.

Analyzing the layers that are part of this area, is possible to identify those that will be the new transport lines, areas to be redeveloped, sights and the project area along the Lungocenta. The big agricultural empty-space where Albenga's plain extendes becomes part of the planning process as well, through the division into ecodistrics: self-feeding systems able to support theselves thanks to the intensive agricultural production, the recycling of waste materials, the energy production and the economic increase of the accomodation micro-farms.

Notes
5. Of the national one (Mariotti, Roccotiello, Del Gallo, 2013)

degli ecostretti oppure concedersi di passare il tempo libero intrattenendosi con i nuovi servizi localizzati lungo il parco sempre restando immersi nel verde. Le nuove facilities sono pensate per far fronte sia ai bisogni dei cittadini che vivono la città quotidianamente sia ai turisti che possono trovare nuovi stimoli per intraprendere delle green-holiday fuori dagli schemi interfacciandosi con una realtà vicina ai problemi ambientali che vuol proporsi come modello per tutte le situazioni simili alla sua.

Considerando il fatto che i paesi e le città legate ad un'economia di tipo agricolo rappresentano il 94% della produzione regionale totale e il 20% di quella nazionale[5], Albenga non rappresenta un caso studio isolato, ma bensì, uno fra i tanti presenti sul nostro territorio e proprio per questo merita lo sviluppo di una strategia progettuale analitica che possa sopperire ai problemi legati alla produzione e al suo impatto sul territorio.

Esplodendo i layer che compongono quest'area è possibile individuare quelle che saranno le nuove linee dei trasporti, le zone da riqualificare, i luoghi di interesse presenti e l'area di progetto sul Lungocenta. Anche il grande vuoto agricolo ove si estende la piana d'Albenga diviene parte integrante del processo progettuale, mediante la suddivisione in ecodistretti: sistemi auto-produttivi in grado di sostenersi autonomamente grazie alla coltivazione agricola intensiva, al riciclo delle materie di scarto, alla produzione di energia e all'incremento economico delle micro-farm ricettive.

Note
5. datas of Sumflower Research, M.Mariotti, E.Roccotiello, Del Gallo, 2013

Allotments - UK 	Newcastle Allotments Working Group - Uk	Bordeaux - France 	Internationale Garten Gottinga - Germany	Edible Schoolyard - USA 	Giardini di Naerum Vaenge, Copenhagen
		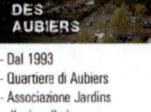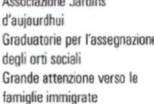			
- Dal 1992 - Piccoli lotti affittati dalle amministrazioni locali a cifre simboliche 20-30 sterline/anno - Associazione nazionale National Society of Allotments and Leisure Gardeners - Alla maggiore età ognuno può far domanda per un lotto - Produzione biologica frutta, verdura e fiori	- Dal 1999 - Autogestione degli orti da parte di gruppi di lavoro - Mostra annuale di prodotti - Il Working Group gestisce il budget e coordina le attività di promozione - Community gardens, oltre alla coltivazione anche attività di svago e socializzazione - Contesti urbani, city garden	- Dal 1993 - Quartiere di Aubiers - Associazione Jardins d'aujourdhui - Graduatorie per l'assegnazione degli orti sociali - Grande attenzione verso le famigliari immigrate - Orti famigliari spesso condivisi - Luogo di scambio interculturale fra i diversi interlocutori	- Dal 1995 - Orti interculturali - Iniziativa promossa da alcune donne bosniache rifugiate - Integrazione attraverso il recupero dell'orto o giardino da coltivare - Agricoltura biologica - Educazione ambientale e linguistica - Riconoscimenti nazionali	- Dal 1950 - Edible Schoolyard: scuola commestibile - Chef Alice Waters organizzò un lab. di progettazione - Area adiacenza della scuola - Studenti e personale hanno contribuito alla bonifica - Lezioni sulla coltivazione e la preparazione del cibo - Orto autogestito dalla scuola	- Dal 1952 - Disegnato dal paesaggista Theodore Soresen - 50 orti destinati agli abitanti degli appartamenti vicini - Giardino partecipato a gestione mista - Tra un orto e l'altro l'area gli spazi sono curati dal Comune e aperti al pubblico - Migliorare la qualità della vita

East New York Farms! 	San Francisco - My farm 	L'Avana - Cuba **Urban Farming Movement Sweeps Across Havana**	Parco Agricolo Sud Milano 	Parchi Urbani di Ferrara 	Terrassa - Catalogna

- Dal 1995 - Utilizzo spazi abbandonati per la coltivazione - Creare un mercato agricolo di quartiere - Offrire ai giovani possibilità di conoscere l'orticultura - Sviluppo di competenze lavorative - Migliorare l'ambiente di East New York	- Dal 1987 - Società privata trasforma aree incolte in orto biologico - Servizio a pagamento, ma si può contribuire con parte del raccolto - Fattoria urbana decentralizzata - Tecniche di coltivazione solo ecosotenibili - Rigenerazione urbana delle aree circostanti	- Dal 1989 - Misura contro la crisi economica - Modello di sviluppo auto-sufficiente - Coltivazione dei prodotti in prossimità ai luoghi di consumo - Apertura di un mercato libero - 50% del cibo consumato all'Avana è prodotto in loco - Incremento di biodiversità	- Dal 1990 - Proteggere e valorizzare l'ambiente naturale - Primo esempio di riforestazione urbana - Partecipazione volontaria di migliaia di cittadini - Realizzazione di connessioni ecologiche e ciclo-pedonali fra le aree verdi nella periferia - 70.000 ettari su 61 comuni	- Dal 1991 - Verde pubblico lungo tutto il perimetro della città attorno alle mura - Superficie totale 80 ettari - Varietà di parchi, molti a destinazione agricola - Tecniche biodinamiche - Orti sociali, strutture sportive, piste ciclabili, laghetti, sentieri, agriturismi e centro anziani	- Dal 2009 - Richiesta della cittadinanza - Eliminazione degli orti abusivi lungo il fiume - Riorganizzazione degli spazi pubblici municipali - Servizio ludico-agricolo a disposizione dei cittadini - Orti fluviali - Recupero delle aree a ridosso del fiume

5. Concept

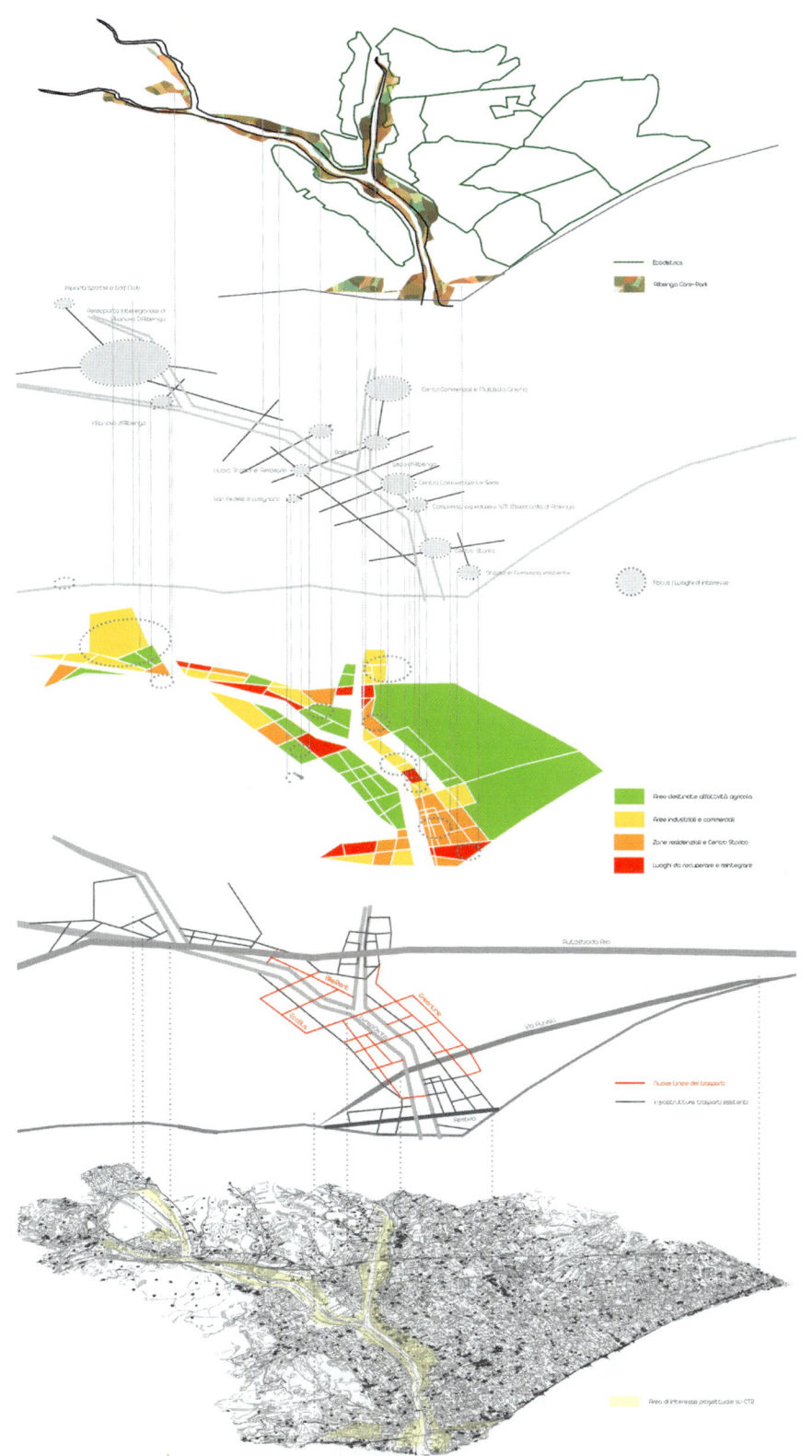

Process 6

6.1

Picture: Aerial photo of Albenga
Source: Ph. Luciano Rosso

Relation between Ecodistricts and Core Park

Glass City is a project based on a recovery, redevelopment, integration as well as production, development and economic increase strategy within which are involved different sections, the environmental one with the reorganization of the territory, the economic one with the management of agricultural companies and the social one that faces the present reality and the elements that make it and live it daily. Exaclty for this set of present and correlated elements, this process needs a long period of time. In an initial phase the first four agricultural districts will be activated and they will start an economic and energetic production cycle that will help to cover the costs of public works for the renaturation of the Lungocenta.

At this point the park can allows the many facilities for which is predisposed contributing also to an economic increase. In a final phase all the districts that form the plain are activated and the new river park extends along the entire town, reconnecting the suburbs, the industrial areas and the Villanova Airport to the rest of the town. The economic growth resulting from the new tourist profit of the park and from the sellling of clean energy produced by ecodistricts with the presence of the new green-lines for the mobility and the new infrastructures for public services, relaunch the image of an eco-city, considered today mostly an agricultural basin, full of potential, able to self-sustaining without giving up on an high quality of life for those that live in it.

Glass City è un progetto basato su una strategia di recupero, di riqualificazione, di integrazione, nonché di produzione, di sviluppo e di incremento economico, all'interno della quale vengono coinvolti diversi settori, quello ambientale con la riorganizzazione del territorio, quello economico con la gestione delle aziende agricole e quello sociale, che si confronta con la realtà presente e con le le figure che quotidianamente la compongono e la vivono. Proprio per questo ampio spettro di elementi presenti e correlati fra loro, questo processo necessita di un lungo periodo di tempo. In una fase iniziale si attiveranno i primi quattro distretti agricoli, avviando un ciclo di produzione economica ed energetica che contribuirà a coprire i costi dei lavori pubblici per la rinaturalizzazione del Lungocenta.

A questo punto il parco può accogliere le molte facilities per cui è predisposto contribuendo anch'esso ad un incremento monetario. In una fase finale, tutti i distretti che compongono la piana risultano attivati e il nuovo parco fluviale si estende lungo tutta la città, ricollegando le aree periferiche industriali e l'Aereoporto di Villanova al resto del paese. La crescita economica derivante dal nuovo indotto turistico del parco e dalla vendita dell'energia pulita prodotta dagli ecodistretti accompagnata dalla presenza delle nuove green-line per la mobilità e dalle nuove infrastrutture per i servizi pubblici, rilanciano l'immagine di una eco-city, oggi considerata perlopiù un bacino agricolo, ricca di potenzialità, in grado di auto-alimentarsi senza rinunciare ad un'alta qualità della vita per coloro che la occupano.

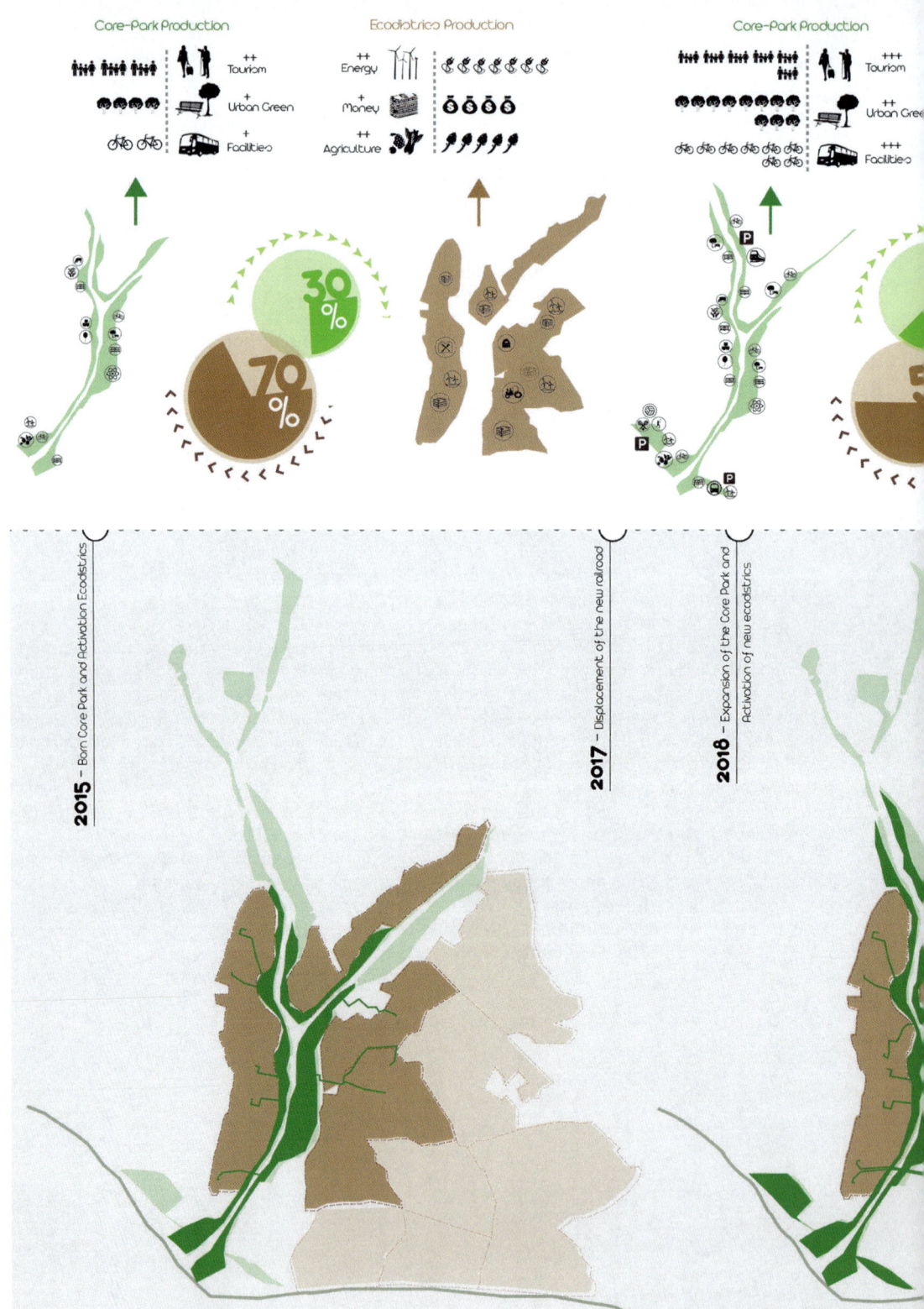

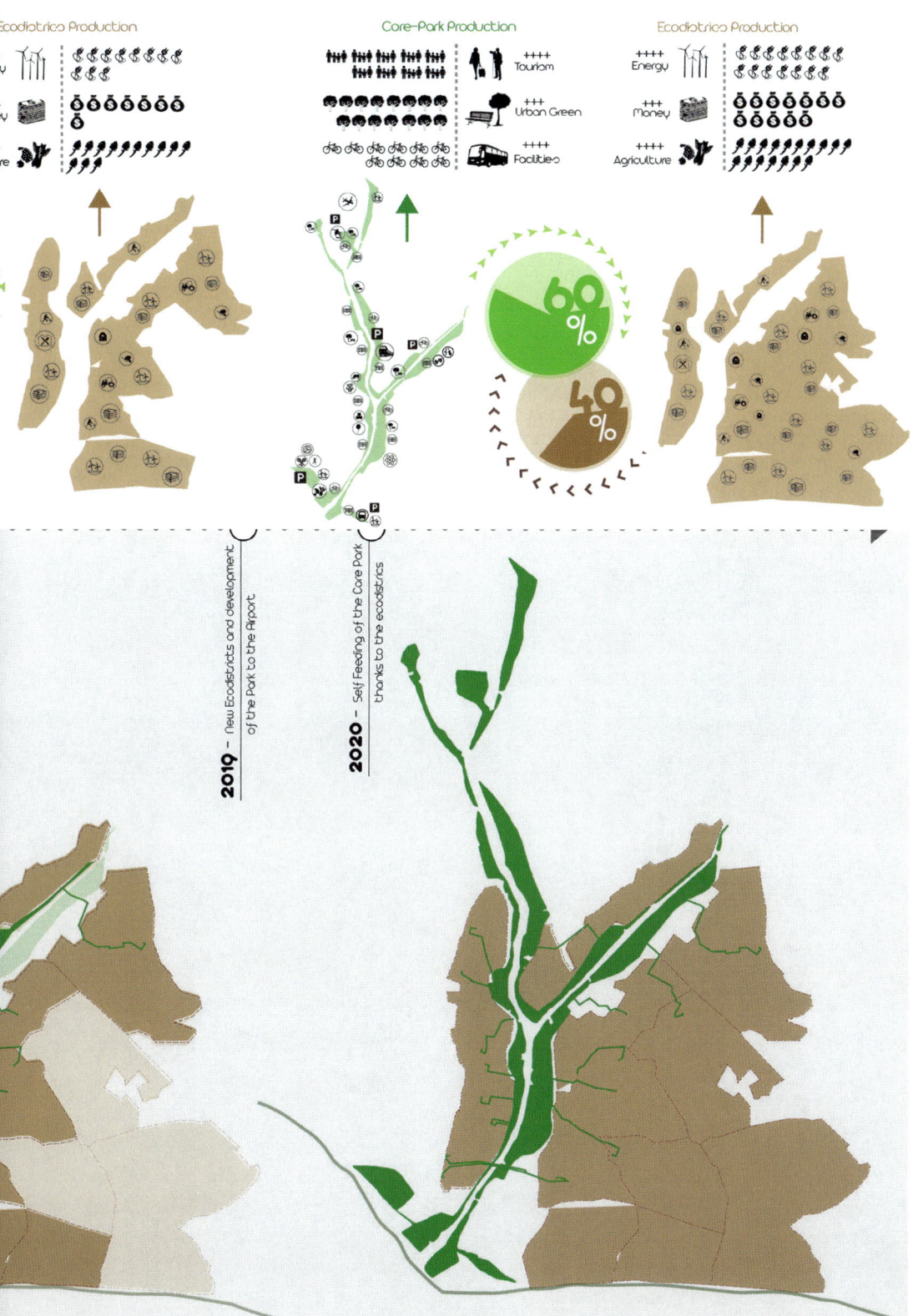

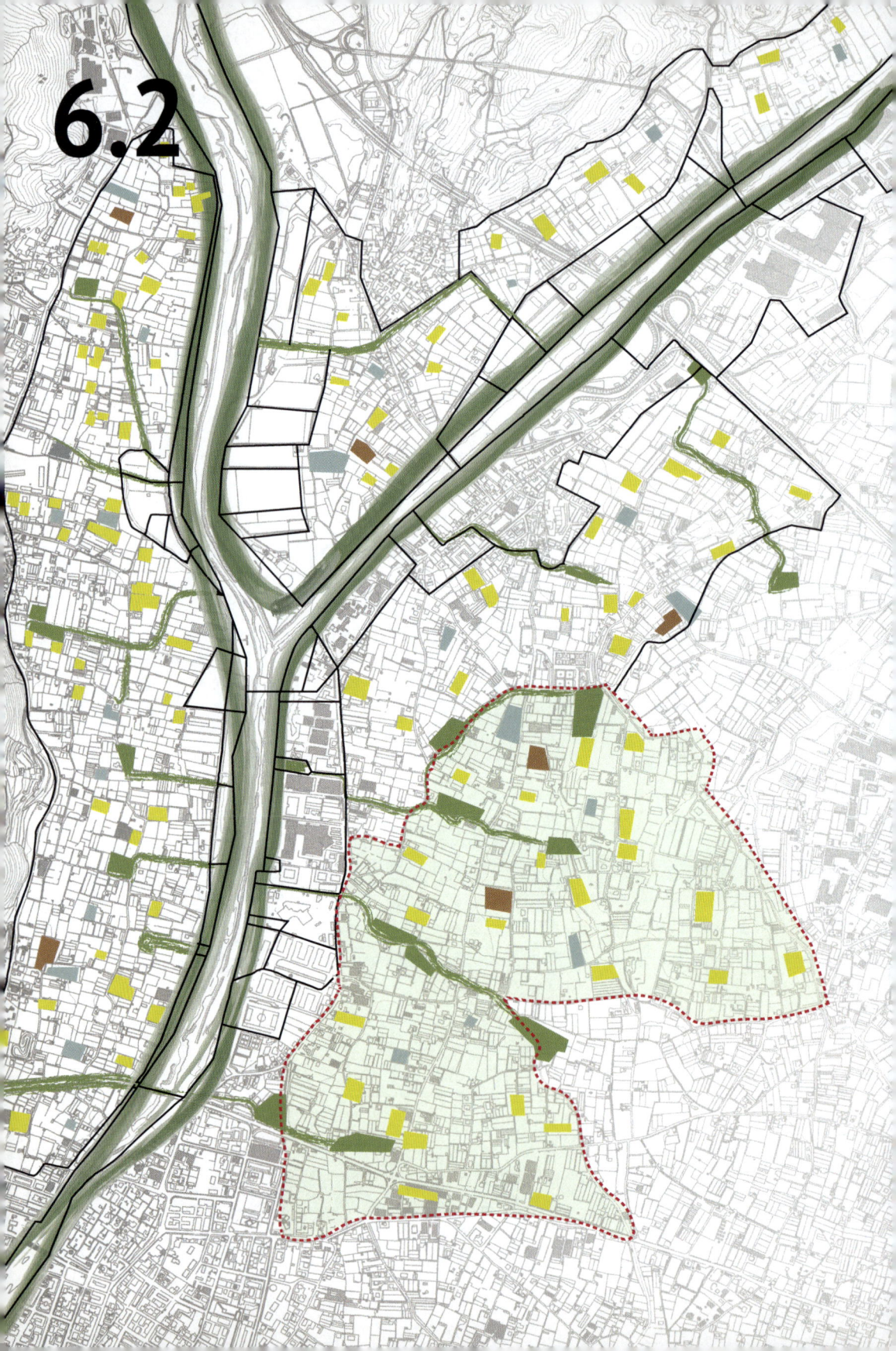

Ecodistricts Recycle Strategy

Ecodistricts system is based on a politic of production and recycling of waste materials converting them into an energetc process that estabilish an economic gain.

This cyclic system consists in four main phases:
1- Agricultural Production
2 Recycling of waste materials
3 Energy Strategy
4 Economic Increase System

To better understand the functioning and the organization of ecodistricts we analize one of the first so that is possible to describe the internal dynamics.

Il sistema degli Ecodistrics si fonda su una politica di produzione e riciclo dei materiali di scarto, convertendoli in un processo energetico che costituisce un guadagno economico. Questo sistema ciclico chiuso si compone di quattro fasi principali:
1. Produzione agricola
2. Riciclo dei rifiuti
3. Strategia di produzione energetica
4. Sistema di incremento economico

Per poter comprendere meglio il funzionamento e l'organizzazione degli ecodistretti ne prendiamo in analisi uno fra i primi ad attivarsi per poterne spiegare le dinamiche interne.

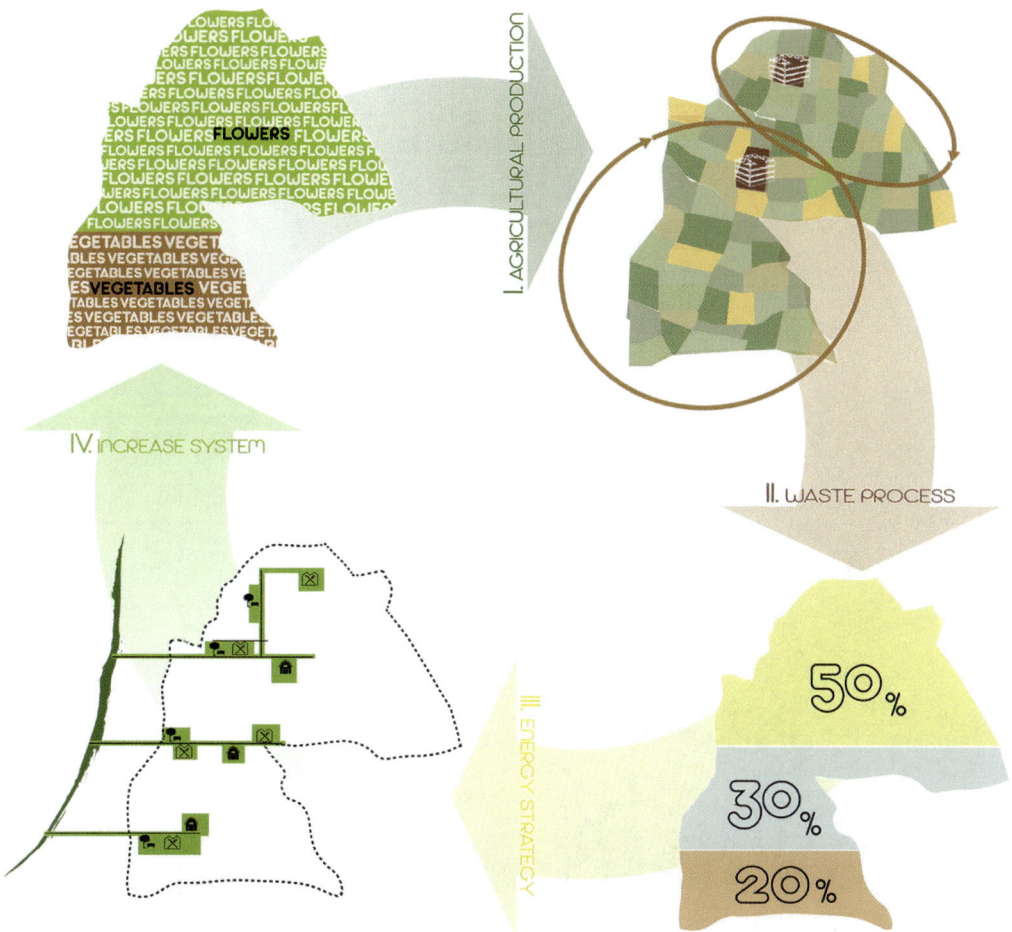

I. AGRICULTURAL PRODUCTION

Albenga's plain extends for about 45km2 and has over a thousand of agricultural and floricultural companies. For example the companies in the Riviera di Ponente rapresent the 94% of the regional production and the 20% of the national one. Every year, in the Albenga's plain are cultivated over 120 million plants between aromatic plants (60 million), flowering plants (30 million) and ornamental plants (30 million). About 100 million of those are exported annually, especially in the North Europe that since the 30s started a market, today unfortunately it's steadily decreasing. Agricultural production sector joins the floricultural sector; the first one is based mostly on the main products from Albenga, known and appreciated all over the world thanks to DOP, DOC, IGT certifications like purple asparagus, chicory, zucchini "trombetta", tomatoes "cuore di bue", Albenga artichokes and Extra Virgin Olive Oil.

Albenga's plain extends for about 45km2 and has over a thousand of agricultural and floricultural companies. For example the companies in the Riviera di Ponente rapresent the 94% of the regional production and the 20% of the national one. Every year, in fact, in the Albenga's plain are cultivated over 120 million plants between aromatic plants (60 million), flowering plants (30 million) and ornamental plants (30 million). About 100 million of those are exported annually, especially in the North Europe that since the 30s started a market, today unfortunately it's steadily decreasing. Agricultural production sector joins the floricultural sector; the first one is based mostly on the main products from Albenga, known and appreciated all over the world thanks to DOP, DOC, IGT certifications like purple asparagus, chicory, zucchini "trombetta", tomatoes "cuore di bue", Albenga artichokes and Extra Virgin Olive Oil.

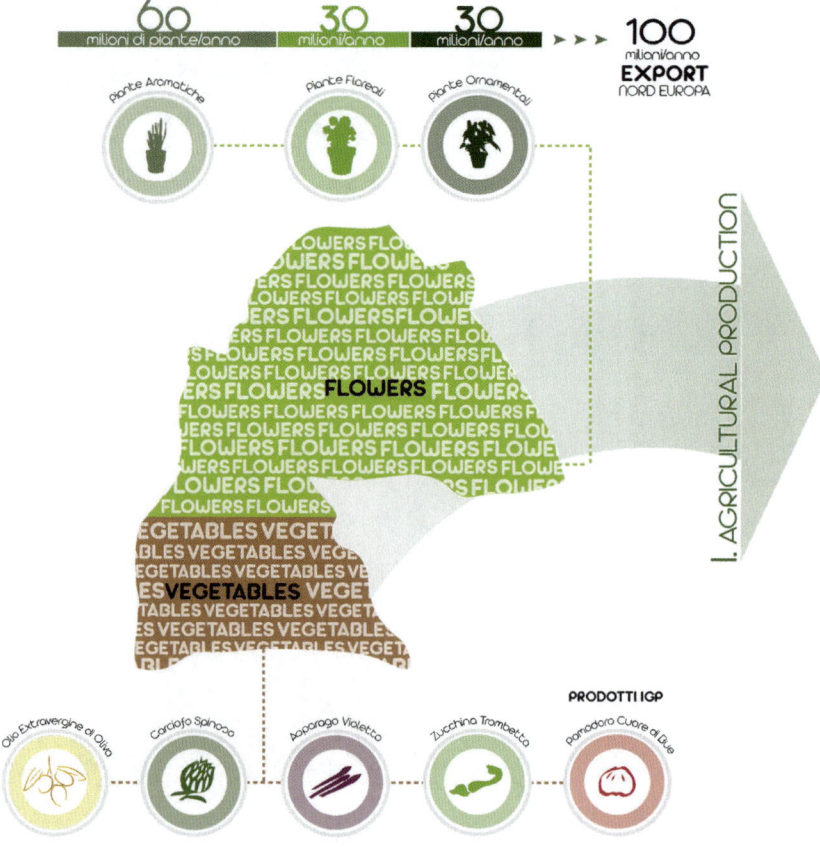

II. WASTE PROCESS

The many floricultural activities consequently produce a huge quantity of garbage, estimated at 6000 kg for each farm. These ones are divided mainly in four categories: inert materials (metals and glass coming mainly from structures that form greenhouses), inorganic waste (plastic waste, packaging, vessels, sheets and covers), biodegradable waste (paper, cardboard and agricultural waste "green waste") and toxic waste (pesticides, waste oils, chemicals...). Among these, agricultural waste rapresent about the 84% of the total, to manage these green waste, in every ecodistrict are located equipped areas for storage processes of green waste, within which are prepared Open Systems aimed at the transformation, through natural fermentation processes, of agricultural waste into fertilizer compost. Encouraging, in this way, not only the disposal but also the complete reuse in material form.

Le numerose attività di floricultura generano conseguentemente grandi quantità di rifiuti, stimati intorno ai 6000 kg per Azienda agricola media. Questi si suddividono principalmente in quattro categorie: i materiali inerti (metalli e vetro, provenienti soprattuto dalle strutture che compongono le serre), i materiali persistenti (rifiuti plastici, derivanti da imballaggi, vasi, teli e coperture), i materiali biodegradabili (carta, cartone e rifiuti agricoli "scarto verde") e i materiali tossici (pesticidi, oli di scarto, sostanze chimiche...). Fra questi, i rifiuti agricoli rappresentano circa l'84% del totale, per poter gestire questi scarti verdi, all'interno di ogni ecodistretto vengono localizzate delle aree attrezzate per i processi di stoccaggio dello scarto verde, all'interno delle quali sono predisposti dei Sistemi Aperti finalizzati alla trasformazione, mediante processi di fermentazione naturali, del rifiuto agricolo in compost fertilizzante. Favorendone in questo modo non solo lo smaltimento, ma anche il completo riuso sotto forma di materiale ammendante.

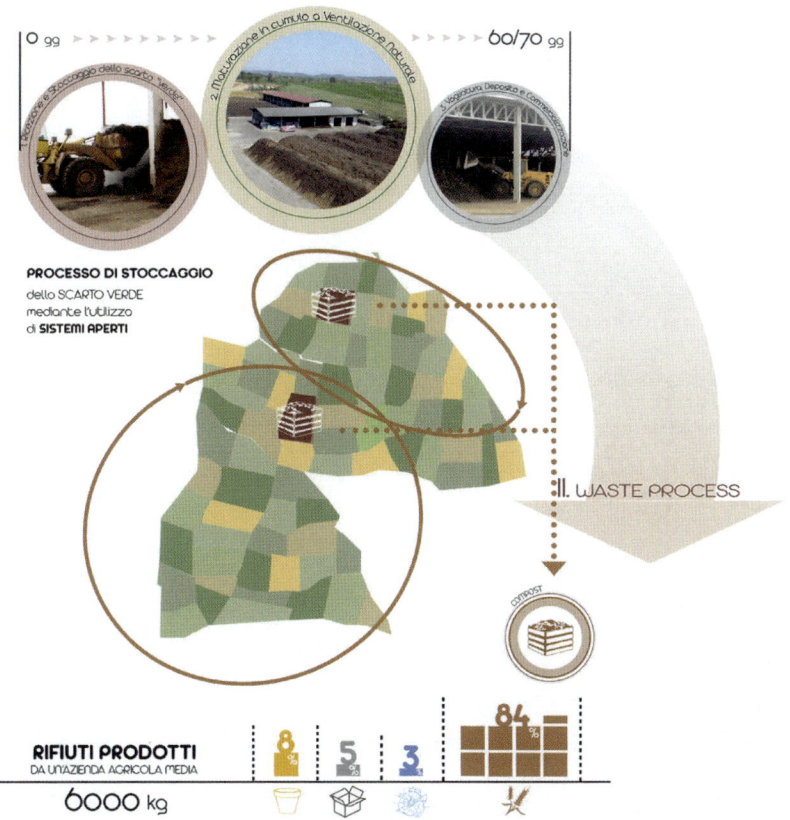

III. ENERGY STRATEGY

As previously mentioned, the huge quantity of organic waste made by companies requires a quick and efficient management since these can't be accumulated for more than 30kg and transported for no more than 10km. The use of these wastes is however double, in part it is recycled in the form of compost, in part, instead, these biomass are used in combustion processes inside structures with boilers, turbines and transformers for the eletric energy production. Biomass are one of the many energetic sources of Albenga's plain. In fact, environmental features of the territory encourage a mild and sunny climate for almost the whole year round and the proximity to the sea guarantees a costant wind flow which can be exploited through Wind-Farm with the of photovoltaic systems combined to maximize the eletric energy production from clean and renewable sources.

Come anticipato precedentemente, la grossa quantità di scarti vegetali prodotta dalle aziende richiede una gestione rapida ed efficace dal momento che questi non possono essere accumulati per oltre 30kg e trasportati per non oltre 10km. L'utilizzo di questi rifiuti è però duplice, in parte viene riciclato sotto forma di compost, in parte, invece, queste biomasse vengono impiegate in processi di combustione all'interno di impianti dotati di caldaie, turbine e trasformatori per la produzione di energia elettrica.

Ma le biomasse sono solo una delle fonti energetiche di cui dispone la piana. Infatti, le caratteristiche ambientali del territorio favoriscono un clima mite e soleggiato per quasi tutto l'anno e la vicinanza al mare garantisce un costante flusso di vento tale da essere sfruttato mediante impianti di Microeolico (Wind-Farm) insieme all'installazione di Sistemi Fotovoltaici combinati per massimizzare la produzione di energia elettrica da fonti pulite e rinnovabili.

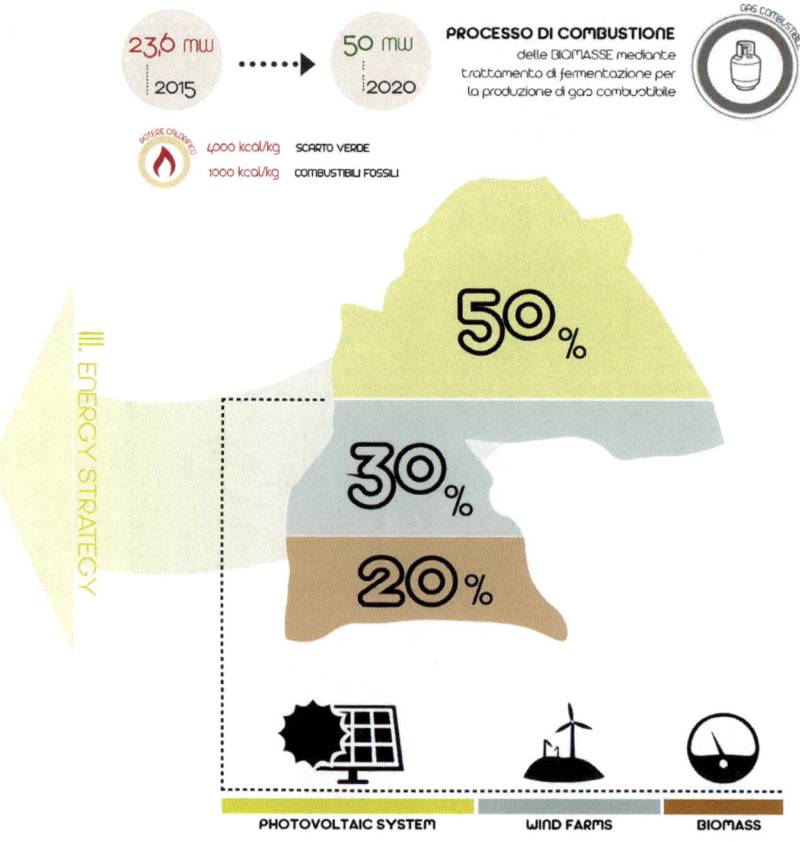

IV. ECONOMIC INCREASE SYSTEM

To close this productive cycle is necessary an economic strategy for a monetary gain. To completely integrate the ecodistricts system to the park system passable green spines are created to connect from the park through the districts. In the proximity of those arise new structures, made by reusing the greenhouses and unused buildings and reinventing them into Microfarm and Greenhouses available to tourists that want to live a new holiday experience sourrounded by green. Summing the profit factors (agricultural production and waste process, photovoltaic and eolic systems, greenhouses and microfarms) the economic balance of the ecodistrict can achieve a significant increase of the production. Part of the achieved earnings will be used for the maintenance works of the core park and part of them will be used to improve systems and agricultural structures of the farms through a self-feeding process.

Per chiudere questo ciclo produttivo è necessaria una strategia economica per un guadagno monetario. Per integrare totalmente il sistema degli ecodistretti a quello del Parco, vengono create delle spine verdi transitabili di collegamento, che partendo dal parco si insinuano all'interno dei distretti. In prossimità di queste nascono nuove strutture ricettive, realizzate recuperando le serre e gli edifici dismessi e reinventandoli in Microfarm e GreenHouses a disposizione del turista che vuole sperimentare una nuova esperienza di vacanza immerso nel verde.

Sommando quelli che sono i fattori di guadagno (produzione agricola e processo dei rifiuti, sistemi fotovoltaici ed eolici, greenhouses e microfarm) il bilancio economico dell'ecodistretto ha la possibilità di ottenere un aumento notevole del rendimento. I guadagni ottenuti, in parte verranno indirizzati ai lavori di mantenimento del parco, ed in parte verranno reimpiegati per migliorare i sistemi e le strutture agricole delle aziende autoalimentandosi.

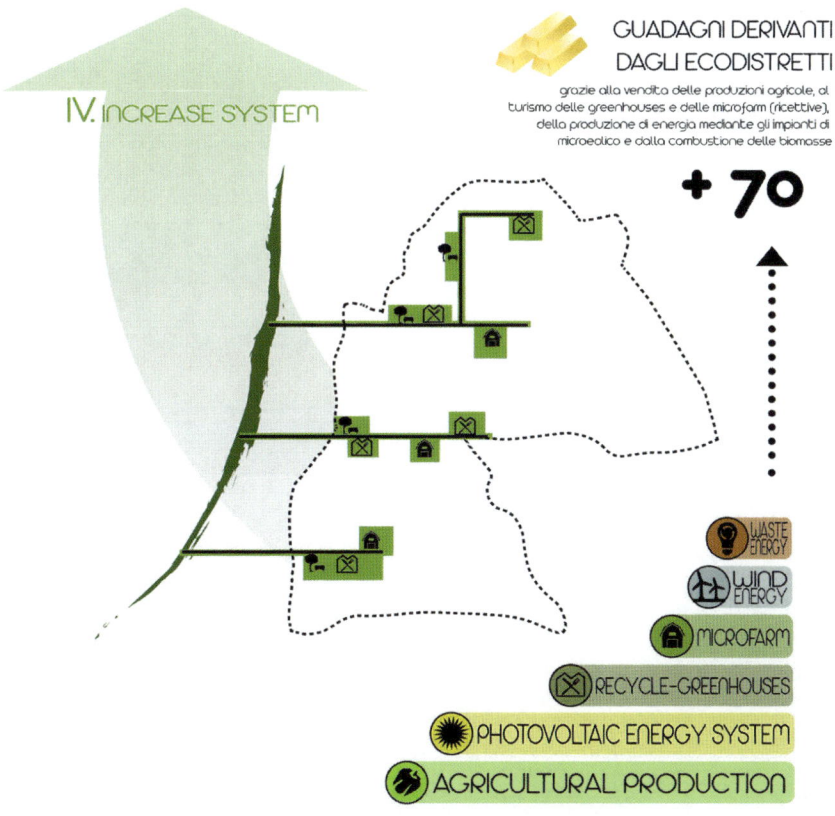

Self-feeding strategy 7

7.1

Picture - Aerial photo of Albenga
Source: Ph. Luciano Rosso

Self-feeding strategy

Self-Feeding Strategy is the self-production strategy that, into the Green City model explained, every agricultural company should adopt. It consists in three resource elements (Water, Sun and Wind) and two waste elements (Trash and Water Pollution). The main issues related to production and management of an agricultural structure, for example heating costs of greenhouses, the large consume of irrigation water, the big production of green waste and waste water pollution are analyzed. To every issue is associated a specific solution strategy to become completely self-sufficient thanks to energy and money production All these systems, moreover, can be readapted depending on the type of greenhouse, even though in Liguria High-Tech GreenHouses structures are more widespread.

Self - Feeding Strategy è la strategia di auto-produzione che, all'interno del modello di Green City proposto, ogni azienda agricola dovrebbe adoperare. Questa si compone di tre elementi di risorsa (Acqua, Sole e Vento) e due di scarto (Rifiuti e Inquinamento delle acque). Vengono esaminate le principali problematiche legate alla produzione e alla gestione di una struttura agricola, come ad esempio i costi di riscaldamento delle serre, il grande consumo di acqua di irrigazione, la notevole produzione di rifiuti verdi e l'inquinamento delle acque reflue. Ad ogni problematica è associato un sistema indicato per raggiungere un livello di produzione energetico e monetario tale da poter essere pienamente autosufficienti. Tutti questi impianti, inoltre, possono essere riadattati a seconda della tipologia di serra presente, anche se in Liguria vi è una maggiore diffusione per le strutture High-Tec GreenHouses.

problems

water issue
+
warm issue
+
energy issue
+
waste issue
+
pollution issue

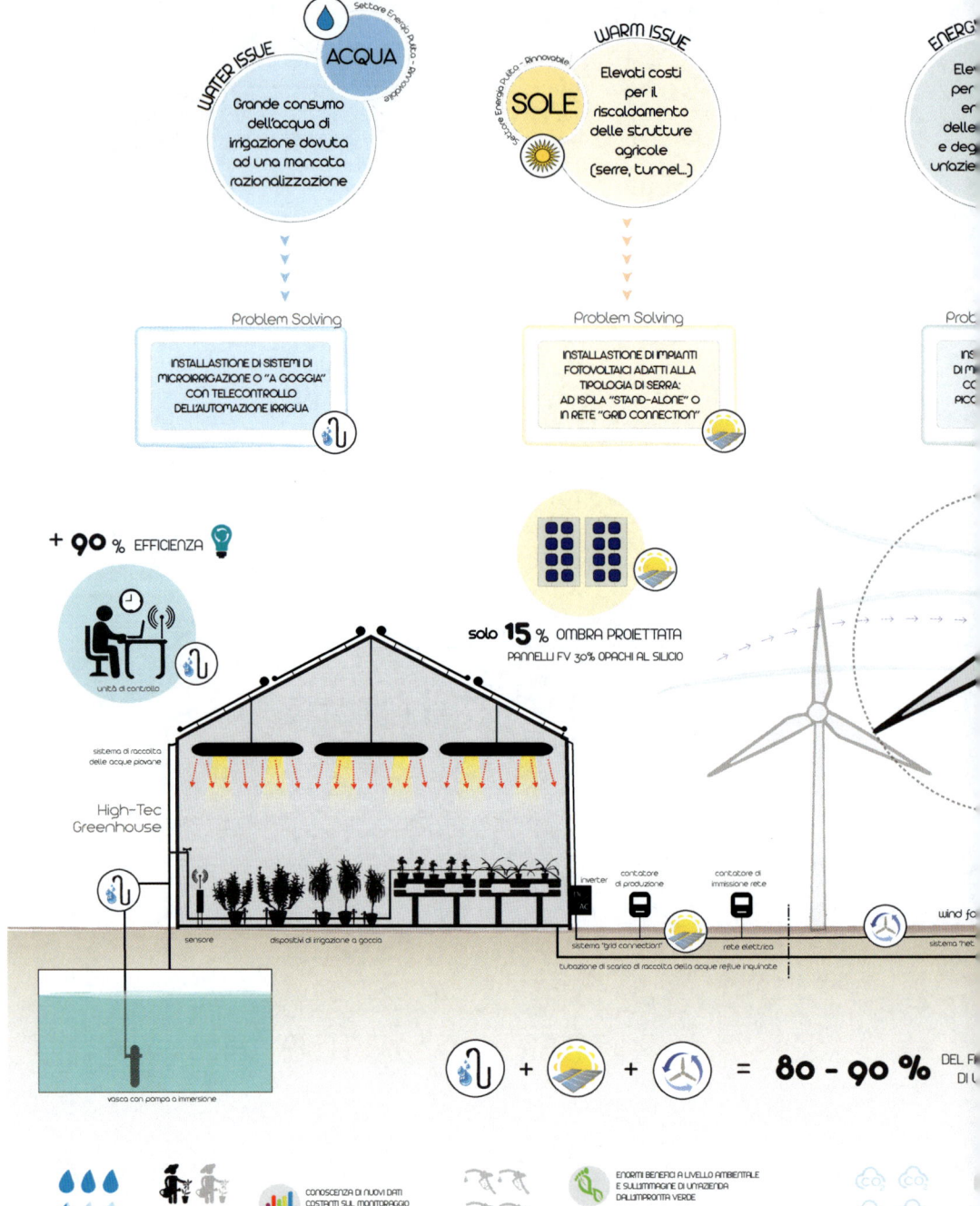

7. Self-feeding Strategy

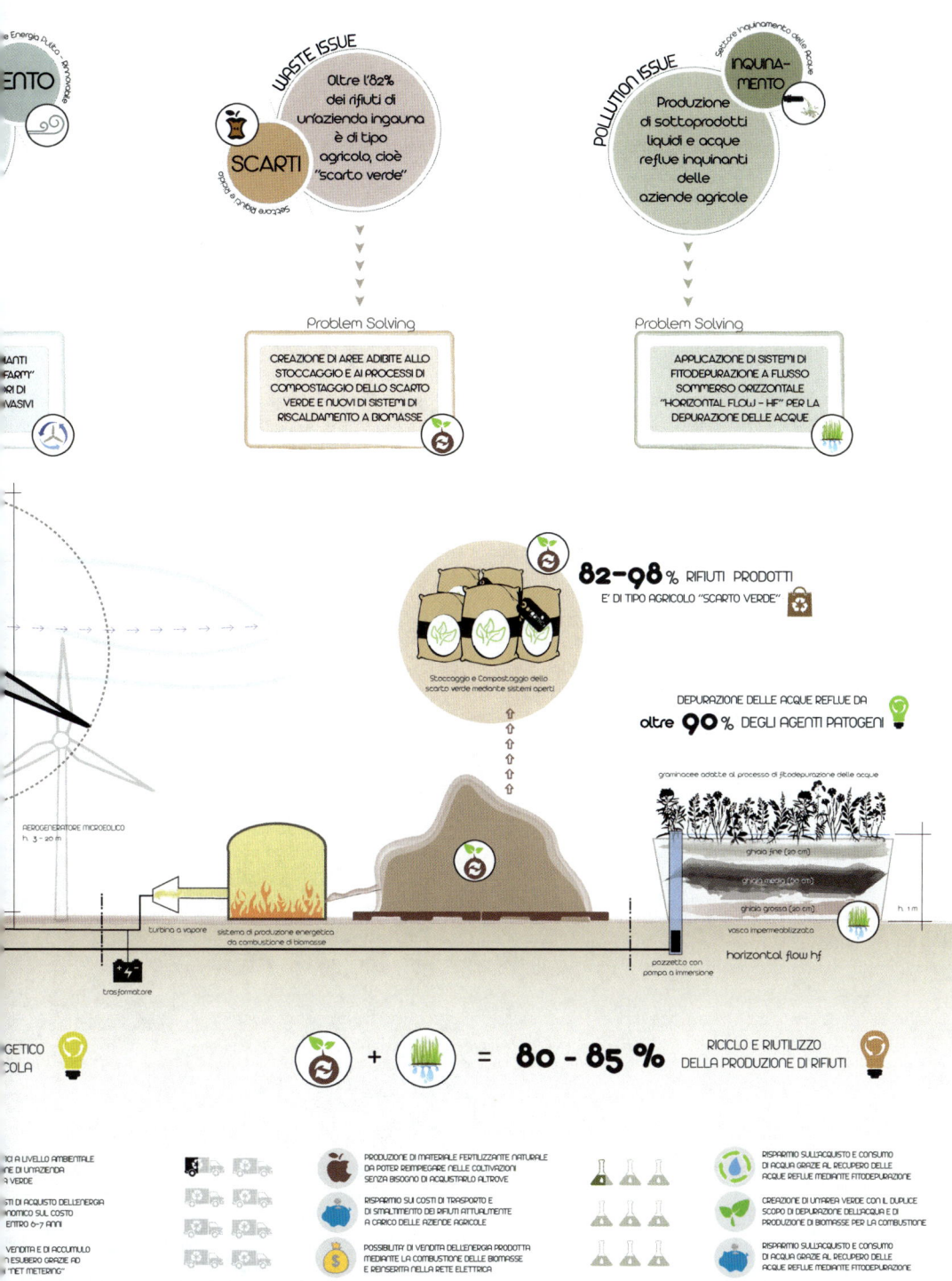

Picture - micro-irrigation system
Source: CERSAA, Albenga

1. WATER MANAGEMENT

The issue concerning the use of water in horticulture is mainly related to the big consume of this resource for irrigation processes that waste more than what they consume due to a wrong rationalization.

To limit the excesses and to preserve this resource is suggested to every company the installation of new microirrigation systems or "a goccia" that are activated when there's a real need to irrigate through an electrical sensor placed into the ground. Reaching, in this way, the 90% of the efficiency.

This automated system consists of a peripheral unit, pipes and sensors present in the agricultural structure and a central unit connected, through a wireless network or a specific software, to the sensors placed into the ground, able to do constant analysis and to manage automatically the irrigation of the cultures.

Will be obtained an efficient rationalization of water and a decrease of the farmer's work which can manage the process from far away. An additional benefit is to learn with this technology new data and to be able to share them with others companies having common goals.

La problematica riguardante l'uso dell'acqua in ortofloricoltura è riconducibile principalmente al grande consumo di questa risorsa per i processi di irrigazione, che a causa di una mancata razionalizzazione rientrano spesso più in una fascia di spreco che di effettiva utilità.

Per limitarne gli eccessi e preservare questa risorsa si propone ad ogni azienda l'installazione di nuovi sistemi di microirrigazione o "a goccia", che mediante un sensore elettrico posto nel terreno, si attivano quando effettivamente vi è la necessità di irrigare. Raggiungendo in questo modo sino il 90% di efficienza. Questo sistema automatizzato è costituito da un'unità periferica, ovvero le tubazioni e i sensori presenti nella struttura agricola, e da un'unità centrale, collegata, tramite una rete wireless o un software dedicato, ai sensori presenti nel terreno, in grado di eseguire analisi costanti e di gestire in modo automatico l'irrigazione delle coltivazioni. Si avrà così, da un lato, un'efficiente razionalizzazione dell'acqua, dall'altro una diminuzione dei tempi di lavoro del coltivatore che può gestire da remoto tutto il processo. Un'ulteriore vantaggio è quello di apprendere con questa tecnologia nuovi dati e di poterli condividere con altre aziende aventi obiettivi comuni.

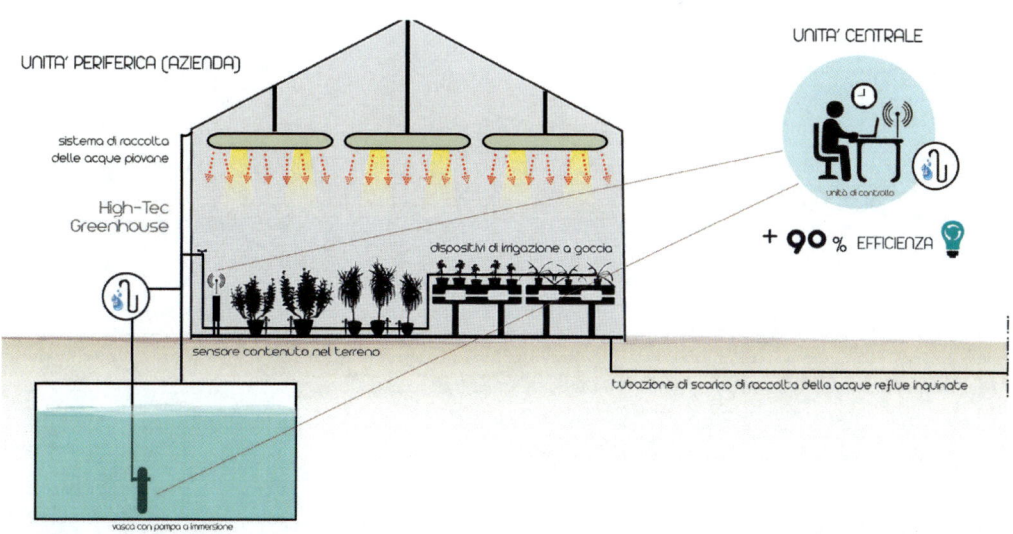

Picture - solar energy from solar panels grid-connected
Source: CERSAA, Albenga

2. SOLAR ENERGY

The heating costs of agricultural structures for an average company in Liguria, about 10.000 m2, go from 5.000 to 30.000 Euro depending on the type of systems installed. All these systems, however, could be powered by renewable energy sources, through the installation of photovoltaic systems suitable to each type of greenhouse: "Stand-alone" systems or systems connected to a distribution network "grid-connected".

These systems consist of solar panels with silicon cells or similar materials (CIS and CIGS) that allow to cut off most of the total radiation towards the greenhouse, less than 15-30%, without altering the qualitative and quantitative features of agricultural productions.

The installation of these systems enables companies to self-produce all the energy needed accumulating it into the electric grid and using it at a different time than production time or selling the extras obtaining a profit. Installation time goes from 2 to 12 months and the cost is around 1.200 / 2.500 Euro, but guarantees a profit from the investment in less than 7 years. Added benefits are: minimum maintenance, environmental benefits and benefits for the company's image.

I costi per il riscaldamento delle strutture agricole per un'azienda di media superficie in Liguria, pari a 10.000 m2, varia dai 5.000 ai 30.000 Euro in base alla tipologia di impianti installati. Tutti questi sistemi, però, potrebbero essere alimentati da fonti energetiche rinnovabili, mediante l'installazione di impianti fotovoltaici adatti a ciascuna tipologia di serra: impianti ad isola "Stand-alone" o impianti connessi ad una rete di distribuzione "grid-connected". Questi sistemi sono costituiti da pannelli solari con celle in Silicio o in materiali amorfi (CIS e CIGS) che permettono di produrre un taglio della radiazione totale incidente sulla serra inferiore al 15-30%, senza alterare le caratteristiche qualitative e quantitative delle produzioni agricole. L'installazione degli impianti permetterebbe alle aziende di auto-prodursi tutta l'energia necessaria accumulandola nella rete elettrica e utilizzandola in un momento differente rispetto a quello di produzione oppure vendendo quella in esubero, rispetto ai consumi dell'utenza, ottenendo un profitto monetario. I tempi per la procedura di installazione vanno dai 2 ai 12 mesi e il costo si aggira dai 1.200 ai 2.500 Euro, ma garantiscono un ritorno dell'investimento in meno di 7 anni. Ulteriori vantaggi sono: manutenzione minima, benefici ambientali e benefici di immagine per l'azienda.

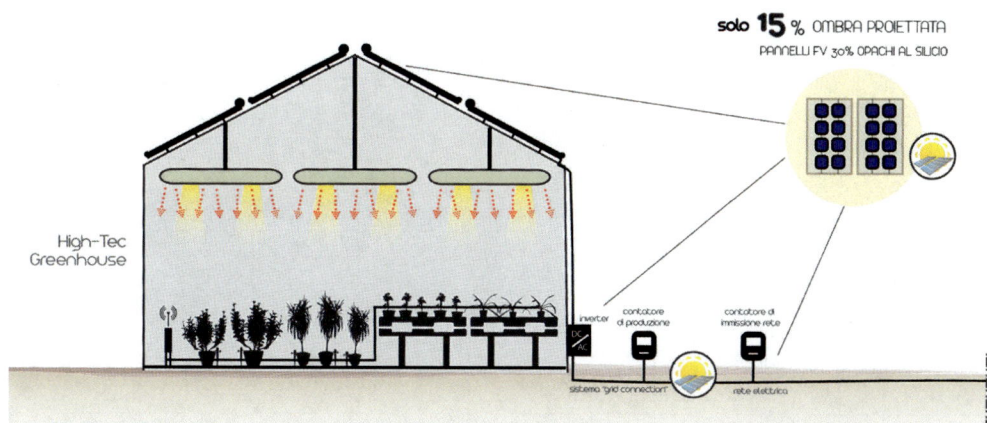

Picture - wind turbines of a mineolic system
Source: CERSAA, Albenga

3. WIND ENERGY

Stated the high energy consumption in an agricultural company, the installation of a WInd Farm, microeolic system, after an initian investment, allows to considerably reduce the costs. Coastal areas of the ligurian territory, thanks to the presence of the sea, have the necessary requirements to develop the microeolic market. Wind turbines of the Wind Farm are small (between 3 and 20 meters) noninvasive and with low environmental impact, in fact, this type of system doesn't disperse CO2 into the environment but preservs it.

The cost of this system compared to a traditional counter is a little more expensive (3800 euro for a minieolic one -2800 euro for a traditional counter), but considering that user costs are around 180 euro/annual it guarantees a profit from the investment in about 6-7 years. Extra energy is accumulated through a "net metering" system that uses the electricity grid as a tank, no need to install additional counters, with the possibility to use the produced energy during different times.

Dati gli elevati consumi energetici presenti all'interno di un'azienda agricola, l'installazione di una Wind Farm, sistema di microeolico, successivamente all'investimento iniziale, permette di abbattere notevolmente i costi. Le zone costiere del territorio ligure, grazie alla presenza del mare, possiedono i requisiti necessari per lo sviluppo del mercato del microeolico.

Gli aereogeneratori delle Wind Farm sono di piccola taglia (fra i 3 e i 20 metri) non invasivi e a basso impatto ambientale, infatti, questo tipo di sistema non comporta immissioni di CO2 nell'ambiente, preservandolo. Il costo di un impianto paragonato con quello di un allaccio ad un contatore tradizionale è poco più oneroso (3800 euro il minieolico - 2800 euro contatore), ma considerando poi che i costi dell'utenza si aggirano ai 180 euro / anno il ritorno che sia ha con l'utilizzo di energia pulita è piuttosto rapido, circa 6-7 anni. L'energia in esubero viene accumulata mediante un sistema di "net metering" che sfrutta la rete elettrica come serbatoio senza la necessità di dover installare contatori aggiuntivi, avendo così la possibilità di utilizzare l'energia prodotta in momenti di effettiva utilità.

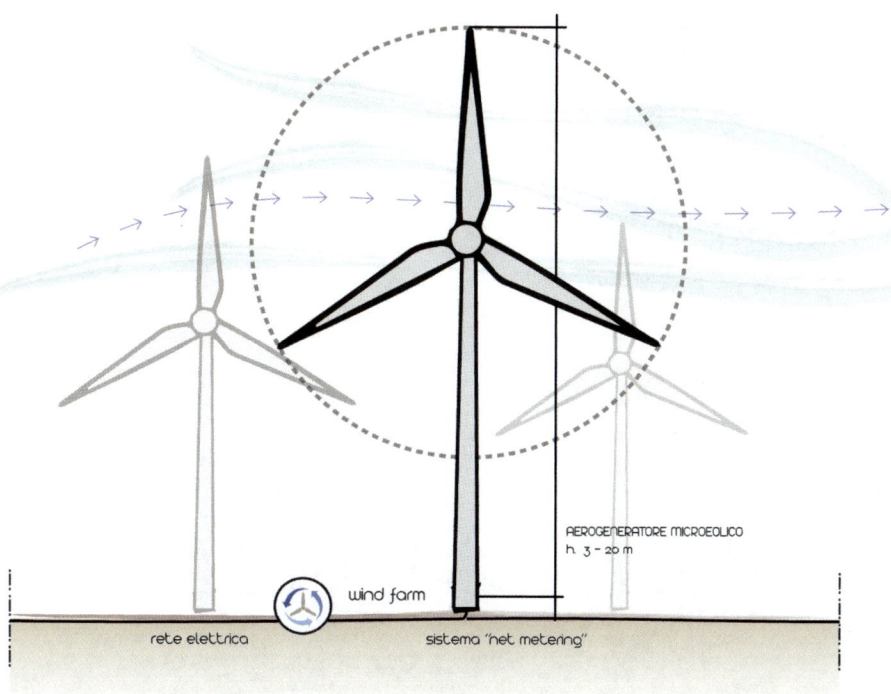

4. WASTE MANAGEMENT

Over the 82% until almost the 98% of waste produced by a company in Liguria is agricultural waste, also known as green waste.

This kind of waste can't be accumulated for more than three months and quantity can't exceed 30kg, also, it can't be transported for more than 10km and the disposal is charged to the farmer which must follows the procedure with a not so easy bureaucratic work (waste identification, loading/unloading register, annual fee…).

It's possible to solve this issue through the making of special composting areas that reuse the waste thanks to natural fermentation processes, producing agricultural usable material.

Areas with an open storage system are not that expensive to make and are not harmful to the environment, in fact, thanks to the high rate of lignocellulosic "bulking" present in the green waste, the release of bad smells is considerably limited. It's needed a low energy consumption to manage these areas and the compost obtained by the end of this composting process (60-70 days), moreover, can be reused as fertilizer, eliminating costs for the purchase of extra materials.

The use of this compost in the agricultural lands involves considerable benefits compared to the use of not natural and chemically treated products. At last, adapting traditional biomass heating systems into the agricultural structures, the combustion of the produced green waste would satisfy the company's needs without using fossil fuels and without releasing CO2.

Oltre l'82% sino quasi al 98% dei rifiuti prodotti da un'azienda ingauna è tipo agricolo, ovvero scarto verde. L'accumulo di questi rifiuti non può superare i tre mesi e la quantità di 30kg, inoltre, non possono essere trasportati con i mezzi per oltre 10km e lo smaltimento rientra nei costi del coltivatore, che deve seguire procedura con un iter burocratico non indifferente (formulario di identificazione del rifiuto, registro di carico e scarico, quota annuale…).

Risolvere questa problematica è possibile mediante la creazione di aree adibite al compostaggio dei rifiuti verde che reimpiegano lo scarto, grazie a processi di fermentazione naturale, generando materiale ammendante per le coltivazioni.

Attrezzando delle aree apposite con un sistema aperto di stoccaggio risulta poco oneroso e poco invasivo per l'ambiente, infatti, data l'elevata percentuale di "bulking" lignocellulosico presente nei rifiuti verdi, il rilascio di odori è notevolmente limitato. La gestione di queste aree richiederebbe bassi consumi energetici e Il compost ottenuto al termine del processo di compostaggio (60-70 gg), inoltre, può essere reimpiegato come fertilizzante, azzerando così le spese per l'acquisto esterno di ammendante. L'impiego di quest'ultimo nei terreni agricoli comporta notevoli vantaggi, rispetto all'utilizzo di un prodotto trattato chimicamente e non di origine completamente naturale. Infine, adeguando all'interno delle strutture agricole i tradizionali impianti di riscaldamento con sistemi alimentati a biomassa, la combustione dello scarto verde prodotto soddisferebbe le utenze dell'azienda senza l'impiego di combustibili fossili e senza produrre emissioni di CO2.

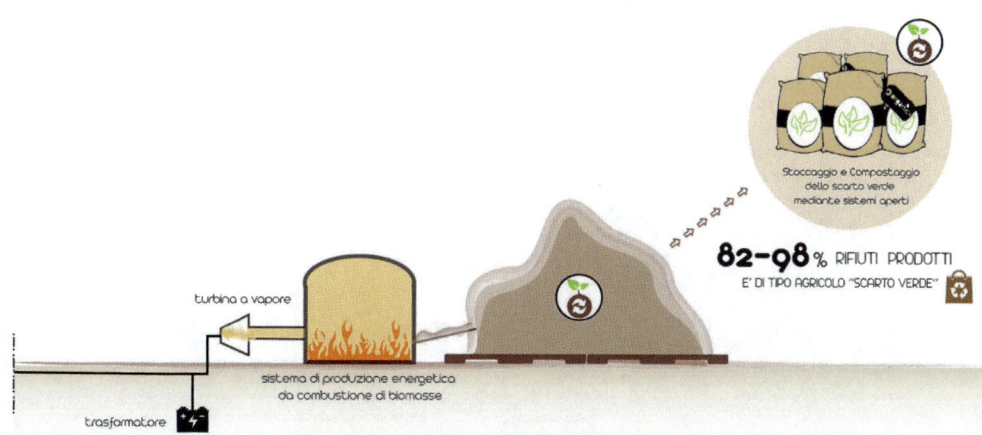

Picture - Water Management and Sustainable Sanitation
Source: fitodepurazione.blogpost.it

5. WATER PURIFICATION

Even though the production of waste by the agricultural sector is significantly lower than industrial waste, the potential pollution of the agricultural waste turns out to be relatively high: for example the high organic load of these kinds of waste can cause a significant ground/surface waters/underground waters pollution (Sarmah, 2009).

Not to be overlooked, therefore, the management of products deriving from the agricultural production, among these vegetation waters and pomaces. To face this issue it's possible to install phytoremediation systems. This process of waste waters depuration uses a combined system that consists in a waterproofed basin filled with inert material (gravels) topped by an environment where roots of macrophytes aquatic plants grow. These, through an evapotranspirational process, absorb the oxigen needed to purify the water, transporting it from the leaves to the roots. This system, conveniently structured, allows over the 90% of the polluting agents (pests, insecticides) and pathogen microorganisms elimination. Phytoremediation systems show remarkable benefits: low environmental impact (limited energy consumption, absence of smells or pests); limited management need, microorganisms spontaneously grow with the ecosystem; minimum maintenance costs and no waste production (sludges); are good for recreational activities (aquaculture, idroculture) replacing depuration systems with a green area.

Sebbene la quantità di rifiuti prodotti dal settore agricolo è significativamente bassa rispetto ai rifiuti industriali di altro genere, il potenziale inquinante degli rifiuti agricoli risulta essere relativamente elevato: ad esempio l'elevato carico organico di talune tipologie di rifiuti può causare un significativo inquinamento dei suoli, delle acque superficiali e sotterranee (Sarmah, 2009).

Da non trascurare pertanto è la gestione dei sottoprodotti derivanti dalla produzione agricola, tra i quali le acque di vegetazione e le sanse derivanti dalla lavorazione dell'olio di oliva. Per fronteggiare questa problematica è possibile installare dei sistemi di fitodepurazione. Questo processo di depurazione naturale delle acque reflue, utilizza un sistema combinato costituito da un bacino impermeabilizzato riempito con materiale inerte (es. ghiaie) sovrastato da un terreno vegetale in cui attecchiscono le radici delle piante macrofite acquatiche. Queste, mediante un processo evapotraspirativo, assorbono l'ossigeno necessario a purificare l'acqua, trasportandolo dall'apparato fogliare a quello radicale. Questo sistema, opportunamente dimensionato, consente oltre il 90% di eliminazione degli agenti inquinanti (pesticidi, insetticidi) e dei microorganismi patogeni. Gli impianti di fitodepurazione presentano notevoli vantaggi: hanno un basso impatto ambientale (consumo energetico limitato o nullo, assenza di odori o insetti infestanti); una limitata necessità di gestione, i microorganismi insediati, crescono spontaneamente integrati con l'ecosistema; i costi di manutenzione sono minimi e non vi è produzione scarti (fanghi); si prestano ad attività ricreative (acquacoltura, idrocultura) sostituendo gli impianti di depurazione con un'area verde.

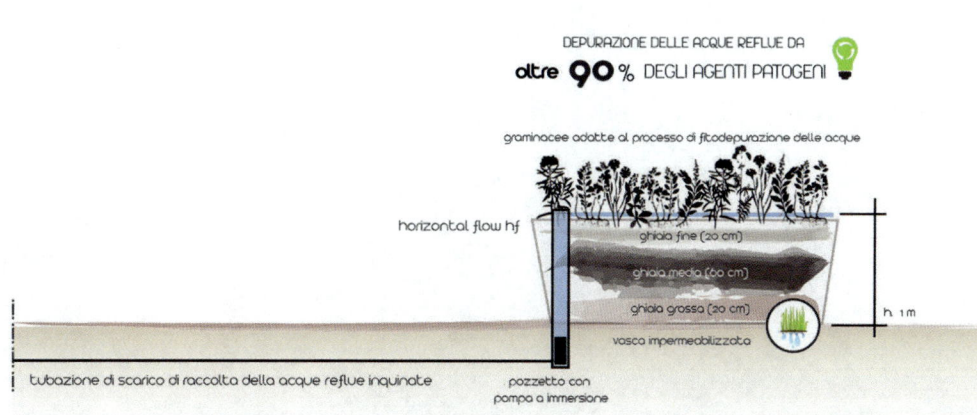

Picture - Vegetables, tomatoes
Source: CC0, Ph.jill111

An agricultural company in Liguria uses an amount of resources approximately 17 times its own extension area, integrating agricultural structures (greenhouses, tunnels...) and energy systems (photovoltaic, eolic and hydroelectric).

Every company would produce the 80-90% of its own energy need, more than enough to satisfy its consumers, minimizing the environmental impact degraded by the excessive consumption of fossil fuels.

Un'azienda agricola ingauna sfrutta una quantità di risorse pari a circa 17 volte la propria area di estensione, integrando le strutture agricole (serre, ombrai, tunnel...) a sistemi ibridi (fotovoltaico, eolico e idroelettrico) di produzione di energia pulita ciascuna azienda genererebbe l'80-90% del proprio fabbisogno, più che sufficiente a soddisfare le proprie utenze, riducendo al minimo l'impatto ambientale, degradato dall'eccessivo consumo di combustibili fossili.

💧 + ☀️ + ♻️ = **80 - 90 %** DEL FABBISOGNO ENERGETICO DI UN'AZIENDA AGRICOLA 💡

🌱 + 🌾 = **80 - 85 %** RICICLO E RIUTILIZZO DELLA PRODUZIONE DI RIFIUTI 💡

8.1

Picture - Thermal image of the CIMMYT-Obregón station
Source: CIMMYT and Instituto de Agricultura Sostenible (IAS)

Micro-input - AgroUrban Devices
Agro-Urban Devices in the Core Park

In this scheme are noticeable some of the project areas that form the park such as the market area on the coast, the new railway, sports facilities, the auditorium and so on. In every zoom is indicated the section of the actual area situation and the project vision suggested with the addition of new infrastructures and functions. Reference projects aim to inspire an overall view of the work created with similar features.

In questo abaco sono evidenti alcune delle aree progettuali che compongono il parco come l'area del mercato sulla costa, la nuova ferrovia a monte, gli impianti sportivi, l'auditorium ecc. In ogni zoom è indicata la sezione dell'attuale stato di fatto dell'area e quella della visione progettuale proposta con l'inserimento delle nuove infrastrutture e funzioni. I progetti di reference vogliono ispirare una visione dell'opera realizzata con caratteristiche similari.

micro-input
=
marketplace + sports activities + temporary shops + ecobus station + wind farms + agrourban devices + research center for green therapies + school farm + ghatering areas + bikesharing + auditorium + green line + community gardens

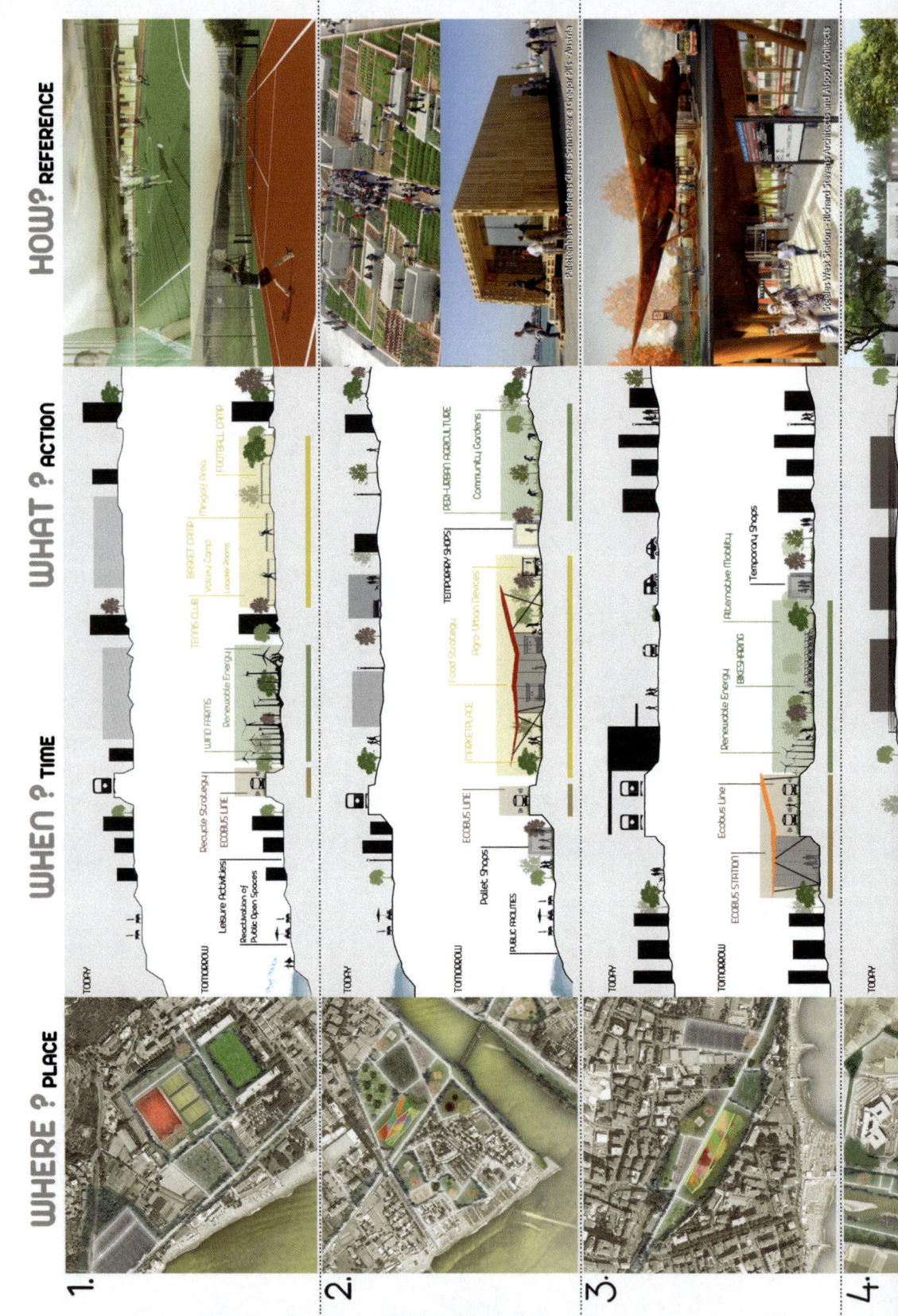

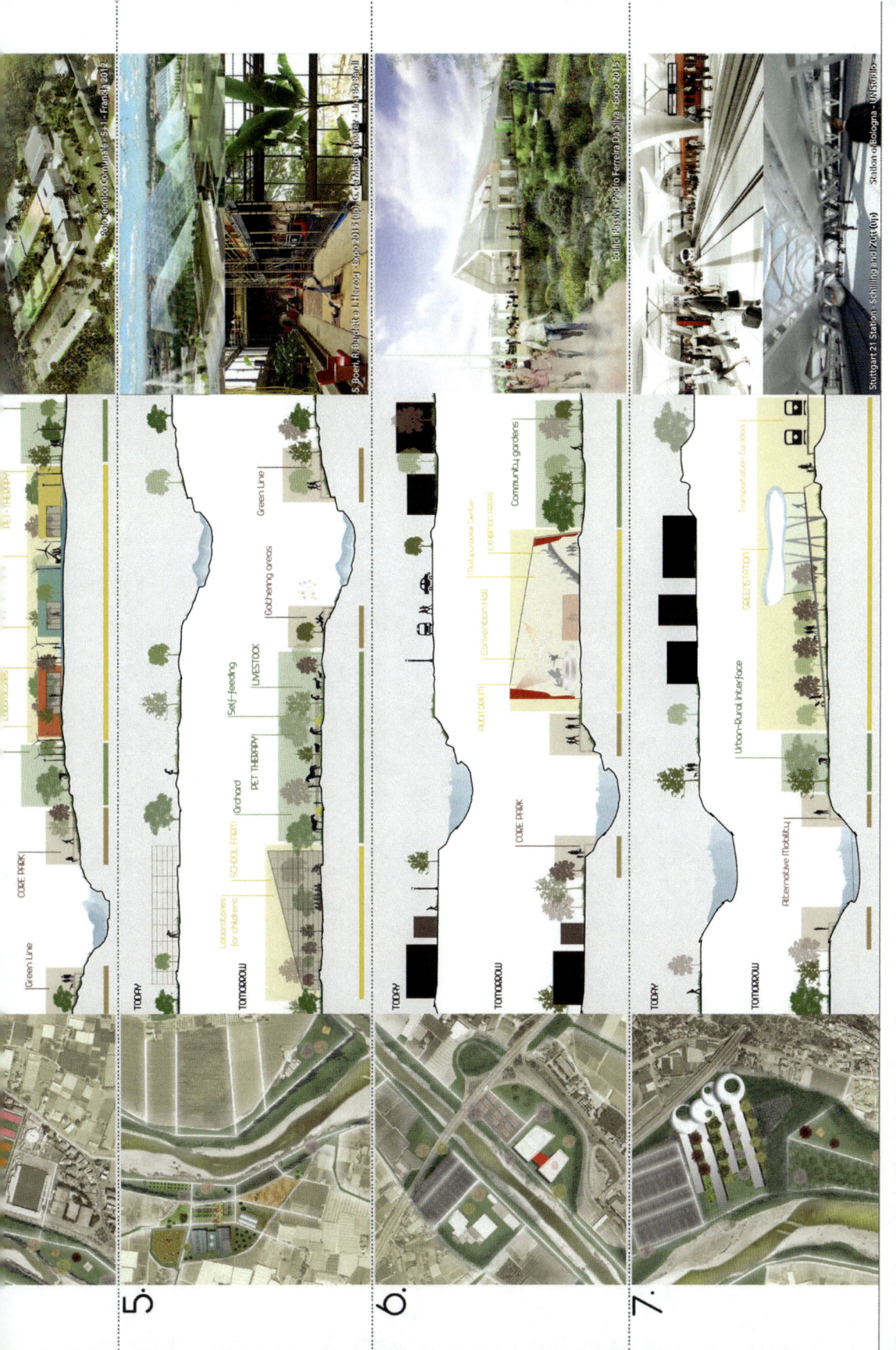

References

Bibliography

PRODUCTIVE LANDSCAPE AND DATAS

- Campiotti C., Alonzo G., Belmonte A., Bibbiani C., Di Carlo F., Dondi F., Scoccianti M., Renewable energy and innovation for sustainable greenhouse districts. Oradea-Romania, 15th Conference of Energy Engineering, Baile Felix, University of Oradea, Fascicle of Energy Engineering, vol.15, 2009

- Canale G., Ceriani M., Contadini per scelta. Esperienze e racconti di una nuova agricoltura, Jaca Book, Milano, 2013

- Capelli L., City Sense. Shaping our environment with real-time data, Actar Editori, Barcellona, 2013

- Hubner S., L'agricoltura Europea e le nuove sfide globali, Int. Stat. Flowers & Plants 2013. ZBG der Leibniz Universität, Hannover, AIPH/Union Fleurs, vol. 61, 2014

- Pagani R., Chiesa G., Tulliani J.M., Biomimetica e Architettura. Coma la natura domina la tecnologia, FrancoAngeli, Milano, 2015

- Rifkin J., La società a costo marginale zero – l'internet delle cose, l'ascesa del commons collaborativo e l'eclissi del capitalismo, Oscar Mondadori, Milano, 2014

- Viljoen A., Howe J., Continuous Productive Urban Landscapes, Howe Editori, Oxford, 2005

RURAL LANDSCAPE AND CITY

- Cabras S., Terra e futuro, l'agricoltura contadina ci salverà, Eurilink, Roma, 2014

- Cardarelli U., La Città Mediterranea. Primo rapporto di ricerca, Ist. Pian. e la Gestione del Territorio, Napoli, 1987

- Mariotti M., Roccotiello E., Sumflower, Del Gallo, 2013

- Minnini M. V., Dallo spazio agricolo alla campagna urbana, 2005

- Pinzello I., Schilleci F., Città e campagna, le aree di transizione come patrimonio comune, Milano, 2014

- Virilio P., La freccia del tempo, Domus Dossier no.4, 1996

LANDSCAPE URBANISM

- Bianchetti M. C., Abitare la città contemporanea, Skira Editori, Milano, 2003

- Branzi A., Modernità debole e diffusa. Il mondo del progetto all'inizio del XXI sec., Skira Editori, Milano, 2006

- Branzi A., No-Stop City: Archizoom associati, HYX Editions, 2006

- Cibic A., Rethinking Happines: fai agli altri ciò che vorresti fosse fatto a te, Corraini Editori, 2010

- Ciorra P., De Maio F., Piccoli Aereoporti, infrastruttura, città e paesaggio nel territorio italiano, Marsilio Editori, 2008

- Clément G., Manifesto del Terzo Paesaggio, Quodlibet, Macerata, 2004

- Corner J., Tiberghien G., Intermediate Natures: The Landscapes of Michel Desvigne, Verlag Editori, 2008

- De Castro P., L'agricoltura Europea e le nuove sfide globali, Donzelli, Roma, 2010

- Forno G., L'indagine urbanistica, Vitali e Ghianda Editori, 1967

- Gausa M., Guallart V., Muller W., The Metapolis Dictionary of Advanced Architecture, Actar Editori, 2003

- Gausa M., Ricci M., AUM 01 Atlante Urbano Mediterraneo, List Editori, Trento, 2014

- Lanzani A., I paesaggi italiani, Meltemi, 2003

- Pumain D., Godar F., Données Urbaines, Anthropos, Parigi, 1996

- Ricci M., New paradigms, Babel Editori, 2012

- Sassen S., Cities in a World Economy, 1994 Trad. it. Le città nell'economia Globale, Il Mulino, Bologna, 1997

- Tchou D. M., Piccoli Aereoporti, Villard 4, Edilstampa, 2004

- Toffler A., The Third Wave, Bantam Book, USA, 1980

- Waldheim C., The Landscape Urbanism Reader, Princeton Architectural Press, New York, 2006

Projects and Sitography

SITOGRAPHY

- agropolis-muenchen.de - Agropolis München
- cersaa.it - Centro di Sperimentazione e Assistenza Agricola, Albenga
- ecodistricts.org - EcoDistricts, Neighborhoods For All
- eea.europa.eu - EEA European Environment Agency
- enea.it – ENEA, Agenzia nazionale per le nuove tecnologie, l'energia e lo sviluppo economico sostenibile
- ifad.org – International Fund for Agricultural Development
- retecartesio.it - Rete Cartesio per la Gestione Sostenibile di Cluster, Aree Territoriali e Sistemi d'Impresa Omogenei
- unfccc.int - United Nations Framework Convention on Climate Change
- unhabitat.org - United Nations Human Settlements Programme
- unmillenniumproject.org – United Nations Development Program MDGs Millennium Development Goals
- weforum.org – World Economic Forum
- who.int - World Health Organization, OMS Organizzazione Mondiale della Sanità

PROJECTS

- Agronica: Urbanizzazione debole, A.Branzi, D. Donegani, A. Petrillo, C. Raimondo, 1995
- Agropolis - München, J. Schroeder, T. Baldauf, M. Deerenberg, F. Otto, K. Weigert, 2009
- Almere Oosterwold, MVRDV, 2011
- De Urbanisten (n.d.), Water Square Benthemplein
- Field Operations (n.d.), Freshkills Park
- Laaglandpark (n.d.), Stoss Architects, Belgium
- Parco Agricolo Sud Milano, Milano, 1990
- Rethinking Happiness, A. Cibic, 2010
- Stoss (n.d.), Detroit Future City
- West8 b (n.d.), Blue Dunes: The Future Of Coastal Protection

Albenga GlassCity
From the GlassCity to the GreenCity

Published by/Pubblicato da
LISt Lab
info@listlab.eu
listlab.eu

Editorial Director/Direttore Editoriale
Alessandro Franceschini

Author/Autore
Giorgia Tucci

Art Director & Graphic Design
Blacklist Creative Partners, Barcelona
blacklist-creative.com

ISBN 9788899854485

Printed and bound in the European Union/
Stampato e rilegato in Unione Europea
2018

All rights reserved/Tutti i diritti riservati
© of the edition LISt Lab/dell'edizione LISt Lab
© of the texts the authors/dei testi gli autori
© of the images, the authors/delle immagini gli autori

Promotion and distribution in Italy/
Promozione e distribuzione in Italia
Messaggerie Libri, Spa, Milano,
Numero verde 800.804.900
assistenza.ordini@meli.it;

International promotion and distribution/
Promozione e distribuzione internazionale
ACC Publishing Group
Suffolk, IP12 4SD, UK
Tel: +44 (0) 1394 389950
uksales@accpublishinggroup.com

Scientific Board of the List Publishing/
Comitato Scientifico delle edizioni List
Eve Blau (Harvard GSD), Maurizio Carta (University of Palermo), Eva Castro (Architectural Association London) Alberto Clementi (University of Chieti), Alberto Cecchetto (University of Venezia), Stefano De Martino (University of Innsbruck), Corrado Diamantini (University of Trento), Antonio De Rossi (University of Torino), Franco Farinelli (University of Bologna), Carlo Gasparrini (University of Napoli), Manuel Gausa (University of Genova), Giovanni Maciocco (University of Sassari/Alghero), Antonio Paris (University of Roma), Mosè Ricci (University of Trento), Roger Riewe (University of Graz), Pino Scaglione (University of Trento).

LISt Lab is an editorial workshop, based in Europe, that works on the contemporary issues. LISt Lab not only publishes, but also researches, proposes, promotes, LISt Lab produces, creates networks

LISt Lab è un Laboratorio editoriale, con sedi in Europa, che lavora intorno ai temi della contemporaneità. LISt Lab ricerca, propone, elabora, promuove, produce, LISt Lab mette in rete e non solo pubblica.

Special thanks to the availability and expertise:

Tutors:
Manuel Gausa
Professore Ordinario DAD, UniGe

Mosè Ricci
Professore Ordinario Dicam, UniTN

PhD. Agr. Giovanni Minuto and
PhD. Agr. Federico Tinivella
C.e.R.S.A.A.
Centro Regionale di Sperimentazione e Assistenza Agricola Regione Rollo 98 - 17031 Albenga, Italy
www.cersaa.it

Luciano Rosso Photographer
for aerial photos of Albenga
P.zza S. Michele 2 - 17031 Albenga, Italy
www.lucianorosso.com www.fotoliguria.it

This publication has been possible thanks to a grant from the Department - DAD Department of Architecture and Design, Polytechnic School of Genova - UNIGE